# 酒店
## 增销服务

邹芝芬　闫蕾　著

海峡出版发行集团 ｜ 福建科学技术出版社

图书在版编目（CIP）数据

　　酒店增销服务 / 邹芝芬，闫蕾著. —福州：福建科学技术出版社，2024.5
　　ISBN 978-7-5335-7022-4

　　Ⅰ.①酒… Ⅱ.①邹…②闫… Ⅲ.①饭店-市场营销 Ⅳ.①F719.2

　　中国国家版本馆CIP数据核字（2023）第091164号

出 版 人　郭　武
责任编辑　曾子鸣
责任美编　黄　丹
责任校对　林锦春
装帧设计　LK　名谷文化

### 酒店增销服务

著　　者　邹芝芬　闫　蕾
出版发行　福建科学技术出版社
社　　址　福州市东水路76号（邮编350001）
网　　址　www.fjstp.com
经　　销　福建新华发行（集团）有限责任公司
印　　刷　福建省地质印刷厂
开　　本　720毫米×1020毫米　1/16
印　　张　11.75
字　　数　145千字
版　　次　2024年5月第1版
印　　次　2024年5月第1次印刷
书　　号　ISBN 978-7-5335-7022-4
定　　价　68.00元

书中如有印装质量问题，可直接向本社调换。
版权所有，翻印必究。

# 推荐序一

在担任万豪大中华区奢华品牌酒店区域副总裁的多年里,协助酒店全方位获得稳健的收益回报是我不遗余力持续关注的重点。其中,前台增销是我最关注的领域之一。如果管理团队能更好地提升以下三个方面,增销可以为客房收益带来奇效,增销的收入可以远超过整体客房收入的5%。第一,投入一支真正致力于提供高服务水平的工作队伍;第二,展现酒店产品的美好,对酒店进行积极正面的多元化报道,维持酒店在媒体下的光环;第三,有一支士气持续被鼓舞的前台团队。

我们本身的组织管理能力虽然很强,也拥有非常卓越的团队领导力,但我们仍然坚持专业培训和激励仍旧同样重要,因此我们与为全球酒店业提供增销方案的佼佼者TSA密切合作,由本书作者邹芝芬(Michelle Tsou)女士领导大中华区奢华品牌全系列酒店的增销培训工作。

通过和邹芝芬的通力协作,我发觉她具备我期望的综合能力,有着收益管理方面的深厚知识;在实战运营中,如接待客人入住过程中与客人互动时她展现出心理学智慧,以及具有辅导员工的技能;此外,她也非常了解前台部门的运作,并巧妙地在接待人员中创造积极而又竞争的工作环境;最后,她更是清楚地了解团队和各部门领导对前台增销项目的要求和期许,尤其是总经理对于增销项目的重视和所提要求的落实情况。

一个成功的前台增销项目是一项团队运动,必须得到全面的滋养和维护,需要持续领导、实时关注、综合分析评估、战略推动前进,以及制定适合当下运营特性的战术。更重要的是,从上到下,所有级别都需要通力协作、积极参与。

要做好这件事,首先要拥有强有力的知识支点,本书将是一个强大的工具,它为所有感兴趣的读者提供了一个能客观、全面、真正理解"增销服务"的平台,真正地造福酒店行业!

博瑞恩(Rainer Burkle)

万豪国际集团大中华区奢华品牌酒店区域前副总裁

2022年11月

# 推荐序二

增销是销售还是服务？作为酒店经营者，我们名牌上的职务，并未精准地表述出我们实际的工作职责，这就是酒店工作有趣的地方。因为在酒店这样的工作环境中，我们身兼多职，需要激发各方面的能力：我们有时是酒店保安，有时是管家，有时还是销售人员，身兼数职的我们，需要在团队协作中完成各项任务。

这对于前台的一线员工来说更是如此，他们既是服务人员，也是销售人员，是在客人面前展现酒店品牌魅力的第一道可以触碰到的窗口。每一个增销的收入成果，来之不易，是训练有素的前台团队能力的呈现。尽管，增加收入和增加平均每间房收益（RevPAR）的影响是前台团队销售努力的结果，但增销的过程却是服务的努力和积累，而增销收入是服务和销售的结果。

在我担任客房总监期间，我观察到，前台增销高手在完成本职首要工作、服务客人方面都有着共同杰出的表现，与客人有很好的互动，他／她会花时间了解当天所有的预订和可用的房型，研究客人的资料，考虑客人的需求，提前计划并寻找每一个为客人的住宿体验提升价值的机会。他们的努力通常会成功，并得到回报。此外，这些表现卓越的前台接待，也在入住期间持续地与客人互动并服务客人，预判客人的需求，通过这些努力，更好地了解客人并为他们提供优质的服务，提升入住体验，尽善尽美地完成前台人员的本职工作，也潜移默化地推动了客人在满意度调查中打出更高分数。我经常分享，一个优质的增销成果，"一石三鸟"，更好地预判了客人的需求、与客人互动，并最终增加酒店收入。

我们的团队通过各方面的努力与客人建立了良好的关系，尽管 2020 年至 2023 年初，三年的疫情放缓了很多人的旅行规划，但我们团队的员工仍然积极与客人保持联系。提供奢华优质的服务，是长期耕耘的结果，也是增销服务的精髓所在。

在我担任客房总监期间，多次与邹芝芬女士通力合作，推动前台增销项目。不得不说，她的确是一位天生的增销服务大师，经由她的培训和咨询，我的团队学习到以"服务"为主轴的增销态度及技巧，并取得了令人瞩目的卓越成果。我相信，这本书将为广大的酒店从业者提供全新的学习和认识增销服务的宝贵机会。

何翠萍（Jackie Hoo）

酒店职业经理人

2022 年 11 月

# 作者序一

　　2008年金融危机后，世界经济发生巨大的变化，中国经济迎来了飞速成长，这让我在2008年开启的中国酒店增销服务培训咨询过程中，见证了酒店前台增销服务的黄金增长。

　　2008年说起来是很特别的一年，金融危机给西方世界带来了重创。但也是这一年，北京奥运会成为了中国经济腾飞的标志。酒店行业总能在第一时间感受到了微妙的变迁，在金融危机之前，外国客人偏爱酒店的行政楼层，行政楼层已经成为很多外国客人的差旅度假的必备品。金融危机后，外国客人突然没钱了，愿意支付行政待遇的客人也少了，对于作为顾问的我来说，也面临了巨大的挑战，我需要协助酒店行业的客户找到新的客源增长点。当时，绝大部分的本土客人对行政酒廊及行政待遇的概念还非常陌生，酒店的行政酒廊一片萧条。

　　拉动行政楼层的出租率变成了一场硬仗，销售的群体目标市场从外国客人转变成中国客人。其一，前台员工扛起了宣传"行政楼层的概念"的重任；其二，行政酒廊的餐食文化及服务标准都需要随着客人群体的转变而转变。当时，我在北京的某一家酒店培训前台员工，教他们如何更好地推荐行政房给中国客人，前台接待好不容易把行政房及附带的行政待遇推荐给客人，喜出望外，没想到，没多久客人就投诉了，气急败坏，说这欢乐时光什么都没有，冷盘、芝士、三明治全是冷的，怎么吃！客人对酒店产品的期待，和他们体验的现实落差太大，前台接待的信心也备受打击。

　　随着酒店对本土客人需求的重视和了解，现今的行政酒廊欢乐时光就是一个"小型自助餐"，各类中西结合的汤、热菜、主食、甜品必不可缺，行政酒廊的客人大部分也都换成了本土客人，我很自豪地认为，前台增销服务对于行政楼层及行政待遇在本土客人群里的推广，并且取得认同，起到了至关重要的作用。

　　除此以外，在过去的14年里（2020~2022年增销服务的收入应该很少），也就是我增销服务培训咨询期间，前台增销服务对酒店收入流的影响也很惊人。

我见证了我所参与的酒店项目的收入，平均每间房收益（RevPAR），以及高级别房型平均房价的大幅提升。2008年北京奥运会后，以一线城市国际奢华酒店为案例，增销服务从当时平均月收入人民币10余万元，增长至2018年的平均月收入人民币30余万元，10年间达到300%的增长。套间的出租率及平均房价同步提升，增销服务收入对于平均每间房收益的影响也由之前的1%~2%，提升至3%~5%。

早期参与培训的酒店几乎都是国际集团旗下的酒店，近几年，国内酒店参与力度也越来越多，增销服务的概念在一、二线城市已渐趋普及，而经常旅行的客人对增销服务也非常熟悉。随着增销概念的普及，问题也开始迎面而来，硬性增销比比皆是，造成客人对于增销的抵触和反感。十几年的时光，我见证了中国酒店业的快速增长，但也同时感受到酒店服务品质的下滑。酒店前台的工作已失去旧日的光环，愿意干这份苦差事的人越来越少，一线员工的工作更多着重于效率，与客人的交流已制式化，而增销服务也演变成增加酒店收入的方法之一。包括我自己在内，一度也认为，销售收入就是增销服务的重中之重。

增销服务的性质一旦变成了以销售为目的导向，那么其带给客人、一线员工和酒店的意义也变味了。酒店前台增销服务项目在整个酒店运营里如同一粒渺小的沙子，但这粒沙却带领我透析了整个酒店运营的世界。酒店运营的本质是让"酒店产品的承诺和客人渴望完美相遇"，增销服务的流程应该是提升服务品质，增销服务的收入是水到渠成的结果。

在写这本书的过程中，我反复思考增销服务的底层逻辑，是销售还是服务？它是两者的结合。在我的培训和咨询生涯中，我注意到酒店管理团队和一线服务人员，也包括我自己在内，在推动增销项目时，越来越关注增销收入。这种趋势已经将增销服务变成了仅是销售的方法，而对服务的关注非常有限，这导致客人对增销的负面印象增加，并有许多令人不快的硬销售体验。因此，本书的核心在于重新点燃酒店专业人士对增销过程中服务的关注，并且系统化地总结如何打造以服务为本的增销服务。于是，书名"酒店增销服务"取代了"酒店增销"，我也创新了以服务为主轴的增销服务的框架和学习系统，在书中与大家分享。

　　于前台一线员工而言，增销服务不是参加一次培训，或给个增销服务奖金就能成功。增销服务文化的形成是需要日积月累持续的努力，才能在人员不断更动、极其忙碌的前台，向下扎根，向上成长，屹立不摇。我是那种永不言败的人，锲而不舍的精神就是我在增销服务项目做出好成绩的秘密。酒店的增销服务文化需要时间和策略来养成，前台接待的增销服务意识及技巧需要普及，在很多二、三、四线城市，员工也没有条件接触到让他们的职业生涯受益良多的增销服务课程。国际知名的设计大师菲利普·斯塔克（Philip Starck）说的一段话很好地反映了我的心声：If you are lucky enough to have a good idea, it is your duty, with generosity, to try to share this new idea to the maximum number of people.（如果你一生中很幸运地得到了一个很棒的概念，并且确信此概念能造福他人，本着大无畏的精神，你有神圣的责任传递这个好的概念，让尽可能多的人受益于此。）因此，我想以这本书作为推广增销服务的起点，分享我多年总结掇炼的经验及感想给大家，希望对中国酒店行业的发展尽到绵薄之力！

　　最后，在此表达我对此书共同创作者闫蕾（Connie Yan）的由衷感谢！闫蕾是本书框架建构和内容创新的主要启发者，经由和她无数次对于过往培训咨询经验的反思和讨论，我方能在思想上豁然开朗，创新了以服务为主轴的增销服务的框架和学习系统，完成此书，不胜感激！

　　谨以此书献给所有始终坚持热爱酒店工作的朋友们！

邹芝芬（Michelle Tsou）<br>2022 年 9 月

# 作者序二

经历 15 个月的波折，邹芝芬（Michelle）老师和我一起，竟然完成了一项曾经以为我们一辈子都不可完成的任务——写书。

提笔之际，我们的书稿已经静静地躺在出版社的编辑手中，等待排版加工。写书，乍听是件浪漫的事，细品之后，写作类的创作真的需要铁杵磨成针的精神。几日前，一位正在爱丁堡攻读心理学博士的美国友人跟我交流写书的心得和经验。他说："Connie，你和邹芝芬老师居然可以两个人一起完成创作，两个人一起写书，真的很难，尤其两位作者三年多来没有见过面，全凭电话沟通完成了写作。"我说：真正作者是邹芝芬，她就是一块顽石，凭着坚定不移的信念，和"笨鸟先飞"的力量，完成了十余万字的创作，而我只是她的编辑加灵感缪斯。

结束电话后，我陷入了回忆，如果没有和邹芝芬老师一起经历 2021 年的创业失败，我和她也不会如此深刻地自我检讨。我和她很努力，那时的我们就是两支不知疲倦的陀螺连轴转，但通过创业我们到底想要得到什么呢？是财富？是名气？是认同？还是其他？抛开公司经营存活的现实，其实最初的理想很简单。增销（Upselling）是一项很好的技能，中国酒店行业一线从业人员基数很大，但能真的学习到这项技能的学员少之又少，我们想通过更广的渠道，投入更高效的时间，让更多的酒店一线服务人员能用最低的成本学习到这项技能，为我们热爱的酒店行业献上一份绵薄力量。这样说来，我们的初衷是颇具理想性的。

面对创业失败，我踌躇不前，理想丰满，现实骨感，真实的创业人生远不如想象的光鲜，邹芝芬老师鼓励我说，她相信笨鸟的力量。它可以让我们坦然面对必须要经历的磨砺，每一次不同的尝试，都在为我们的理想奠定一点根基。心灰意冷之际，我认识了才女董佳（Joy），她写了很多本酒店职场小说，也是灏悦程的创始人，她是一位有着张爱玲气质的优雅女士，她很直接地问我，你们为什么不能通过写书来实现自己的梦想？写作需要创作，需要自我突破，需要打破常规思维，需要拷问和深挖知识的底层逻辑链，我觉得你们应该把"Upselling"这项培训内容，变成一套学术理论流传下去。文字是有温度的，这股力量可以治愈和激励很多人。和她的谈话，拓展了我们的世界，也帮助我走出了迷雾，我们就这样走进了全新的写作世界。

武林宗师李小龙说："我不怕练一万招的人，我就怕把一招练一万遍的人。"邹芝芬就是李小龙说的这种人，认识她的人都说，这人无法复制，只要到了她手里的项目，酒店客户想不赚钱都难，就因为她的笨鸟精神，在其顾问生涯十几年里，创造了业内不少无法复制的奇迹。从开启创作本书后，我更加了解她了，她表面看起来的毫不费劲实则是她倾尽全力。从2019年的创业初期开始，她一直都受一个问题困扰，到底如何才能突破以往的培训师视角，让她看起来不是在"盗版"别人的理论，她已经培训了十几年，也培训过近万名的学员，这些都是她的经验、她的财富、她的全部内功，最终也成为了她的"蝉茧"，破茧谈何容易？写书初期，我们花了3个月时间讨论书本的框架，总想跳出以往的"老三步"，电话沟通中，我们吵了无数次，然后又回到了以前的"loop"，进入死循环。突然有一天，科技巨头Facebook官布更名成Meta，元宇宙闯入地球人的世界，我和她讨论，以后大家都不用见面了，虚拟的世界里都靠场景文字语音语调沟通，那沟通的体验岂不是更加重要？如同佛家所说的六根"眼耳鼻舌身意"，运用语言描述结合"场景、交互、感知"三大要素，将客人带入体验式的"幸福画面感"中，也许会是元宇宙提供服务的重点之一吧？如果业主的酒店产品是创意概念，那么酒店服务团队就是创意展现，如果在元宇宙的世界里，结合人的"眼耳鼻舌身意"进行售卖，其实客人的购买欲望需要通过"服务"来实现，那"Upselling"应该是一种"高阶服务"，而非销售。如果从客人的体验、情感出发提供"服务"，以前的老三套理论就变得不一样了，了解"客人背后的旅行故事"才是重点，增销服务是服务人员关心客人的旅行故事及人物背景，经由交流识别并激活客人的潜在需求，以专业的酒店产品知识推荐必须付费的、更适合的房型或产品给客人，成就客人的旅行意义。于是，书名定为《酒店增销服务》。对于"服务"的全新理解，帮助邹芝芬老师破茧成蝶，实属不易。

因为认识邹芝芬老师，我也开始相信笨鸟先飞的力量，再也不觉得被人说成"笨"是种丢人的事。要想在一个行业里扎根，总得有几样看家本事，总得掌握"不管环境怎么变，我都不会过时"的技能，如果我们的书也能让你认同这种专注的意义，并伴随你在时代成长中的蜕变，那也正是我们期待的。

闫蕾

2022年8月，于上海碧云路

# 目 录

## 上篇 透视增销服务

### 第一章 你真的懂酒店的增销服务吗?

一、增销的底层逻辑是服务 …………………………… 2
二、增销服务是必需品 …………………………………… 8
三、你为何不愿意开启增销服务的项目? …………… 12

### 第二章 增销服务破局酒店高端房型的销售

一、你真的研究透彻了房间的预订渠道吗? ………… 16
二、增销服务才是酒店高端房型的重要销售渠道 …… 18
三、酒店前台一键掌控高端房型销售的命脉 ………… 22

### 第三章 重塑酒店房间的资产价值

一、打破房间审美的"眼盲症" ………………………… 29
二、行政楼层的魅力和实力 ……………………………… 40
三、新视野——重塑酒店房型的包装角度 …………… 50

# 下篇　包学会增销服务

## 第四章　客人的旅行故事

一、参与客人的旅行故事 …………………………… 54

二、了解客人旅行故事中的"人物背景" ………… 59

三、洞悉时代特征下客人的消费力 ………………… 69

四、实用工具：链接客人旅行故事和房型需求 …… 74

## 第五章　90%的员工其实不懂沟通

一、为什么找个有高级感的员工很难？ …………… 79

二、站在客人的角度沟通不是口号 ………………… 80

三、服务沟通语言的"情"与"度" ……………… 90

四、沟通没有标准法则 ……………………………… 95

## 第六章　传递增销服务的新体验

一、服务超越销售的三个秘密 ……………………… 96

二、第一个秘密：一见如故，宾客关系水到渠成 …… 97

三、第二个秘密：激活需求，链接感性的需求 …… 108

四、第三个秘密：极致体验，换个角度看待结局 …… 125

## 第七章　前台增销服务管理体系的搭建

一、搭建绩效奖金及审核机制 …………… 137

二、增销服务报告系统的意义 …………… 143

三、增销服务实操的新视野 …………… 149

四、管理"不同生命周期"酒店房间的价值和收益 … 155

## 第八章　得到

一、增销服务的涟漪效应 …………… 159

二、酒店全员销售文化体系的搭建 …………… 160

三、极致服务品质的未来只能"从娃娃抓起" …… 161

四、中国特色的品质服务之路 …………… 162

五、增销服务需要长期主义 …………… 163

附录一　增销服务评估自测 …………… 165

附录二　深度解读房型特色 …………… 168

附录三　深度解读行政楼层特色 …………… 170

附录四　链接功能需求与酒店房型特色 …………… 171

# 上 篇

# 透视增销服务

第一章　你真的懂酒店的增销服务吗？

第二章　增销服务破局酒店高端房型的销售

第三章　重塑酒店房间的资产价值

# 第一章 你真的懂酒店的增销服务吗？

## 一、增销的底层逻辑是服务

**宾客服务思维模型：增销服务**

提到增销，熟知这一概念的酒店人脑海里闪过的关键词，一定是"收入提升"，让客人付钱购买酒店的产品或服务，增销就是销售。包括我自己，在增销培训工作的初期，我的目标就是要监督酒店前台增销赚钱。

大约是2009年，我增销培训工作的初期，在北京的一家酒店培训，酒店的大堂副理慌慌张张地跑来，分享了刚办理入住登记客人的反馈，客人说："前台接待非常努力地推荐行政房，最后我盛情难却，也就接受了！"但客人也直白地说："这位前台接待增销的技巧及交流能力需要提升。"这位客人的反馈，第一次警醒了我，增销的过程很重要。

几年后，我在三亚某奢华酒店的大堂里，无意间遇到了这样的场景，先生在大堂休息处陪着孩子，太太在前台办理入住，太太过来跟先生说："前台有介绍亲子房，听起来不错，要吗？"先生说："不要！不要！他们那是骗钱的！"我心想，这位客人一定有过不好的增销经历，才会对增销如此反感！我的内心第二次被深深撞击了。再次引发了我对于前台接待在增销时与客人的交流过程的重视。也让我反思，到底应该如何定义"增销"？

酒店前台一线员工的主要职能是提供服务，即代表酒店接待客人，而客人是来接受或体验服务，并非来买产品，增销时，需要关注的是与客人交流服务的过程，并在此过程中了解客人的需求，推荐更适合的房型或产品，服务过程做对了，增销的结果也差不了。

我在上海的某酒店听到前台增销高手开玩笑说："增销就是坑蒙拐骗，海鲜价买卖。"当时，我感到无比的惊叹，原来前台接待是如此看待增销的。我在培训时，也听到前台接待对于增销的反馈，客人一到前台，就说："赶紧办入住，我什么都不要！"或是说："什么都不用说，赶紧办入住！"这些反馈告诉我，客人对于增销如此的反感，肯定是经历过多次被硬性推销不愉快的体验。

到底是哪里出错了？前面提到的三亚酒店的例子：酒店业主方投资不菲改造了亲子房，要知道这在当时属于比较超前的概念。然而，原本可以带给一家人欢乐及美好回忆的亲子房，却因为客人对于增销的抵触，而被一口回绝！酒店精心设计的亲子房，就这么失去了带给这一家人美好度假体验的机会。

回顾过往十几年的培训咨询的经历，我的确协助大部分的客户创造了业绩方面的巅峰，剥开这些业绩的光环，我也深深地叹息和惶恐，目前酒店及客人对待增销业绩的态度，已经开始生成具有蝴蝶效应的混沌之力，增销的结果帮助酒店增加收入固然重要，但增销的过程必须顾及客人的感受，投其所好，让客人感受到增销是进一步针对客人需求，提升住宿体验所提供的服务，唯有如此，酒店产品的承诺和客人的渴望才有完美相遇的机会，这才是酒店运营人的初心。

因此，我将多年来人人叫得朗朗上口，视为销售的"前台增销"，正名为"增销服务"。期望我这萤火之光，能唤醒一部分酒店人正视增销也是服务这一概念。

增销服务的重点是建立服务人员与客人的关系，并在服务的过程中发掘并满足客人的需求；在增销服务交流的过程中，要时时以服务客人、识别客人的需求为核心，这才是优质的增销服务。并非只在意客人是否会点头付费，本末倒置，为了销售的结果，而忽略了服务的过程和对服务品质的追求。

经常住酒店的人，对于酒店的洗衣服务并不陌生吧？大部分人也许都经历过，晚上忘记打"请勿打扰"的标记，早上被酒店的服务员按门铃吵醒，问是否有衣服要送洗。其实这也是一种增销，但表达的方式却是硬性推销，大清早跑来按门铃本来就不合时宜，完全没有服务，结果就是造成客人的反感。这项客房洗衣服务自问世的那一天起，就没有深究过客人的需求，潜心研究这项如同鸡肋的"对客产品"如何做到既能让客人暖心，又能提升营收的方案。客人需要的是什么呢？答案是能在享受洗衣折扣的前提下，快速地取回衣服的服务。而不是一早打扰到工作忙碌或是还在休息的客人，这样的增销就只是遵循SOP（Standard Operating Procedure，标准作业流程）的工作流程，完全谈不上服务。我们应该思考，如何根据客人的需求，优化时间线，设计洗衣增销服务过程，既能提升客人满意度，又增加酒店洗衣房收入。

我在美国的四季酒店工作时，订房员在结束与客人预订通话之前，有一项硬性服务指标，必须要推荐酒店的高级餐厅（fine dining restaurant），因为这家酒店的餐厅在芝加哥很出名，也非常难预订，所以我们需要尽力先帮住店客人预订餐厅，以免客人来了没有位子。当然，成功预订餐厅有着不错的奖金提成，当时作为一线服务人员的我，很自然地认为帮助客人预订餐厅是客房预订服务流程的步骤，预订成功率也非常高。后来，回到台湾的酒店工作，酒店的意大利餐厅、日式餐厅和粤菜餐厅都很值得推荐，但因为预订部没有推荐酒店餐厅的增销服务理念，错过了不少提升客人满意度，并增加酒店餐厅收入的机会。现在回想起来，不是做不到，而是没有搭建和贯穿"增销服务"的理念。

古往今来，开门迎客的酒店被定义的商业模式就是提供客人出门在外的衣食住行，因此业主投资酒店产品的定位，也是围绕着衣食住行，以及客源结构层的喜好需求而设定。近几年，随着生活水平提高，商业地产的多元化发展，酒店业态也有了多元化的发展，除房间以外，其他配套产品及娱乐设备也成为投资的重心。客人到店之前，即便是在各大平台看了炫目的视频图片及评论，脑海里充满了美好的期待，可他们还是无法在家触摸酒店产品的全貌，更何况，为了这个美好的期待，客人跋山涉水地来到酒店大堂，服务人员在与客人交流的服务过程中，协助客人把期待和现实接轨，介绍推荐客人需求的房型、餐饮、套餐、交通工具或娱乐项目就是宾客服务的一环，合情合理，这就是增销服务。

因此，增销项目不应止步于前台，酒店的各个运营单位都可以开启增销服务项目。但现阶段，中国酒店还是以前台增销为主，而我个人的培训咨询经验也专注在前台增销服务，所以本书所讨论的增销以前台增销服务为主，希望对其他部门的同仁也有所启发。

我对前台增销服务的全新定义是：

增销服务是服务人员关心客人的旅行故事及人物背景，经由交流识别并激活客人的潜在需求，以专业的酒店产品知识推荐需付费的，但更适合的房型或产品给客人，达到提高客人住宿体验、宾客满意度及酒店营收的目标。前台增销服务所推荐的产品，以酒店高级别的房型为主，也可结合酒店的硬件产品或服务，打造"房型+X"的套餐。

## 你到底是在服务OTA平台好评，还是在真诚服务客人？

近年来，客人选择酒店经常会去携程、艺龙、猫途鹰，还有飞猪等OTA（Online Travel Agency，网络旅游预定平台）阅读评论，评论已经成为主宰客户预订酒店的重要因素之一。

于是，出现了以下的现象：酒店淡季的高级别房型入住率较低，为了提高顾客满意度指数，赚取更多网络好评，酒店主动提供房间免费升级，获取客人的好评。从酒店的角度来看，这是为客人提供很好的服务，客人满意度肯定会提高。可是，在客人眼中，房间免费升级换取好评是一种交易，还滋生了客人一种新的逻辑，房间免费升级是理所当然的，反正是淡季，房间空着也是空着。近期，我"种草"了小红书，看了很多不同关于酒店的评论，经常看到一些人发表，某某酒店很差劲，连免费升级房间都不给。这就是蝴蝶效应下的混沌之力，如此操作的酒店多了，造成客人认为"免费升级"是服务的一部分的错觉，不升级就是服务不好而给了差评。在我看来，这就是短线操作带来的长期负面后果，拱手让出酒店对于房间的掌控权，给自己制造难题，最后无奈之下，只能说客人越来越难服务。

反观航空公司，从来没有见过搭飞机的乘客在值机柜台主动要求，并且大吵大闹要求免费升级的情形。我是国泰航空公司的金卡会员，当我看到候机区的人很多时，心里就知道自己有被升舱的机会，但也只能心里默默盘算，被动地接受航空公司的安排，从来不曾看过航空公司在淡季时主动提供免费升级来讨好客人。再例如，东方航空为答谢白金卡会员，当飞国内航线时，在商务舱有空座的情况下，可以登机前免费升级，但是也没有哪个白金卡会员，会因为没被免费升级而跑去差评航空公司。

面对酒店这个趋势，在我增销服务培训的经历中，我见证了许多酒店前台员工在提供优质的增销服务后，居然成功地扭转了免费升级的棘手局面。至于他们是如何做到的，我会在后面的章节分享给大家。我深信，提供优质的增销服务的酒店越多，就有机会扭转以免费升级换取顾客好评的误区。

### 时代特性下的酒店一线服务人员的角色转变

#### 1. "Order Taker" 不再适合一线服务人员

说到扭转乾坤，必定事在人为，酒店就是这么一个以人为本的行业。在传统的理念里，服务与销售被视为独立分开的两件事，一线服务人员的工作就是完成运营的任务，也就是接收任务、并完成任务的执行者，Order Taker；创造收入，那就是销售和收益的事了。酒店一线服务人员99%都这么想，酒店管理层也大多默认如是。现在，酒店招聘用人，都期望找到所谓的"复合型技能人才"，定义为"一线服务人员具备同时完成多项运营指标要求的工作能力"。这其中，并未包括销售技能。

然而，现实却很骨感。当下OTA和网络各类预订渠道已成主流，这一趋势已经颠覆了酒店销售部的工作重点和职能，扫楼扫得再辛苦，也抵不过各大平台4D视频特效，加价格优势的组合竞争，到最后，酒店的一线服务人员变成唯一与客人直面交流的人员。在之前提过关于"客人看见图片和到达酒店看见实物的感受区别"，一线服务人员把握这宝贵的交流机会，在服务交流的过程中传递酒店产品或服务的价值，并赢得好评是酒店业必须正视的迫切课题，而优质的增销服务就是解决方法之一。

因此，一线服务人员在与客人交流，并实施增销服务的过程中，良好的沟通能力，以及娴熟的产品知识是基石，这在书中第三章和第五章中将详细介绍。

### 2. 一线服务人员才是传递酒店产品价值的关键

随着飞机高铁等公共交通设施的完善，交通网变得更加便利，商务旅游出行变得更加快捷，伴随着交通的发展，客人们的住宿体验也更加丰富，积累了多年的酒店住宿的体验后，对于服务品质的认知和要求也变得更加注重细节。因此，对于一线服务人员的服务质量要求变得越发重要。

然而，前台接待面对的现状和时代的需求却背道而驰，工资低、工时长、压力大，导致前台接待离职率升高，愿意参与一线服务的人越来越少，直接影响的是一线服务人员素质下滑，客人的需求和员工素质正在背道而驰，这对于酒店的运营极为不利，而有能力扭转此劣势的酒店，才能成为最后的王者。

这些年来，我明显看到一线城市酒店的前台接待大部分都是来自二线、三线和四线城市，因为一线城市的年轻人，大部分不愿意从事辛苦并且工资低的酒店一线服务工作。但一线城市的客人来自世界各地，对于服务品质的要求特别高，在金碧辉煌、灯火闪耀的酒店硬件设施下，更加突显出软实力无法跟上客人对于服务期待的脚步。试想，如果我们有办法提升服务人员对于服务品质的认知，多年以后，当他们回到他们的家乡，参与家乡的新的酒店开业运营，也会很自然地带动家乡城市服务品质的提升，这个沉淀的过程，对于中国整体服务品质的提升任重道远。

就如同20世纪90年代，各大知名国际酒店集团开始入驻中国市场，在短短的20年间，北上广深一线城市已经拥有了高品质的奢华酒店，也在很短的时间里，让中国的酒店服务人员和顾客接受西方酒店服务的洗礼和熏陶，培育了许多优秀的中国服务人才，也潜移默化地让中国的客人认知了国际化的服务品质。为此，我们应该感谢国际酒店集团对于中国服务业的巨大贡献，他们是服务品质框架搭建的先行者，培育了几代的资深的酒店管理人，而这几批酒店管理人，成为了后来中国酒店服务品质的传授播种者。但是，人才的培育速度远远赶不上酒店开业的数量，一线服务人员的培育的量和酒店的开业速度供需失衡，雪上加霜的是，酒店一线员工的薪资涨幅缓慢，更导致了目前服务人才枯竭的困境。

服务品质升级是个很大的话题，作为增销服务项目的资深顾问，我却比任何人更感到迫切，因为优质的增销服务必须以服务为主轴，所以我花费精力和时间总结经验写书，期望可以对服务品质升级及增销服务做点贡献。服务业再如何智能化，还是以人为本，一线服务人员才是传递酒店产品价值的关键。

## 二、增销服务是必需品

### 增销服务传播酒店品牌价值的深远意义

酒店品牌价值是个多高端的话题。讨论这个话题的人，不是酒店集团的高层，就是业主老板，再不然便是顶尖咨询公司的高级合伙人。的确，酒店品牌价值的创新和搭建需要耗费很多的物力、人力和财力。但我希望通过"增销服务"这么一个小小的窗口，浅谈一下，这一粒芝麻如何帮助酒店品牌价值"溢价"。

客人为何会选择"特定"的酒店品牌？那是因为每个酒店品牌背后的故事和核心价值。不论哪一类酒店品牌，都是以客人为中心，从客人住店目的和体验为出发点，结合特定的场景，塑造感官体验的认同，创造和成就客人难以忘怀的回忆和体验，让客人回忆起那段过往，内心洋溢着幸福感，这样酒店品牌的价值才能达到"价格"和"价值"上的完美匹配。因此，"服务"和"体验"是价值很重要的载体。我认为，酒店运营的意义就是"服务体验"，硬件产品是配合"体验"的重要的"载体"。

分享几个关于酒店前台接待的案例，他们在服务交流的过程中，传递酒店服务的价值并赢得客人的好评。如果没有这些平凡的案例，就算是再奢华的设计，收客人再贵的价格，品牌的价值和酒店的文化依旧无法得以延展和传承。

> 三亚某奢华酒店员工：
>
> 客人说我的服务亲切，推荐了酒店海景最棒的套间。客人自己从没想象到，这间小红书上没有人打卡过的套房居然这么赞。客人的小红书是首发！她不停地谢谢我。
>
> 上海某奢华酒店员工：
>
> 客人第一次来这个城市游玩，因为"增销服务"的交流跟我熟络，建立了信任，有什么问题经常问我，每天从外面游玩回来，都到前台跟我分享旅游心得，说我介绍的店不错，还会带小吃给我。
>
> 北京某高端酒店员工：
>
> 客人说他以后将会被派到我们这个市场，第一次来入住我们酒店，想在集团提供的预订酒店单里选一个能长期回头住的酒店，客人在退房时说我推荐的房型真不错，以后就会住这家酒店并且预订这个房型。

前台服务人员因为增销服务项目的开启，以及增销服务文化的深植，对于酒店产品的专业知识有了更加深入的了解，自身的沟通能力也有飞跃性的提升，这些软实力的提升，才是酒店的品牌价值的真正体现。再美丽的外表，没有有趣的灵魂，那"价值"在哪里呢？

## 积沙成塔效应

在本章前段，我提到过，增销服务不应该是销售的结果，而是服务过程的体现。但是，增销服务产生的收入不容小觑，也是客观事实。我从2008年开启顾问之旅后，也算是见证了整个增销服务历史的变迁，十载里，前台增销服务对酒店收入流的影响发生了翻天覆地的转变，一线城市奢华高端酒店增销服务年收入由百万元成长为平均500万元，最出色的酒店甚至可以做到超过千万元人民币的业绩；1.5线城市到二线城市，业绩也由年收入的百万元以下成长至200万元、300万元、400万元，这都是倍数级的成长，而不同体量的酒店，在增销服务收入上区别很大。

　　大家现在看到几百万元的增销服务年收入，可能觉得挺容易的，但我是一路见证了增销服务收入的变化和增长。值得一提的是这几百万元的增销服务收入得来不易，一个间夜的增销服务差价也就是几百元，而这几百万元的增销服务收入就是由一个个几百元构成的，达到了积沙成塔的效应。

> 积沙成塔效应：
> 
> 增销服务收入 CNY 1000000 = 增销差价 CNY 500 × 2000 间夜
> 
> 增销服务收入 CNY 5000000 = 增销差价 CNY 500 × 10000 间夜

　　伴随着增销服务收入的增长，其收入对于 RevPAR 的影响可达到平均 3%~5%，这 3% 背后的意义是什么呢？一个酒店为了提升酒店的平均房价，需要准备一套很完整的策略来得以实现。而这 3% 或者 5%，意味着能帮助一个目前平均房价 1000 元的酒店，增长 30、45 元的平均房价。我常听到酒店的收益经理兴奋地说：每天下班前都会跑报表预测当天的平均房价，第二天上班时总会增长至少 2%，有时更高，这都是因为前台接待识别客人的需求推荐高级别房型给客人的增销服务所带来的增长！而在酒店未开启增销服务项目前，高级别房型经常用为免费升级或无人入住，酒店的平均房价难以提升！

　　此外，增销服务对于高级别房间的销售，起了力挽狂澜的作用。前台接待是唯一一个能面见到店客人的媒介，很多酒店的套房都是靠酒店前台接待，经由增销服务推荐给客人的。在我的职业生涯里，有很多引以为傲的项目，我最骄傲的案例之一，是一家在成都开业将近二十年的酒店，虽然房间装修过，但由于大楼的建筑限制，酒店套间的设备设施陈旧，经常被周边新开业的酒店秒杀。我培训这家酒店很多年，前台的增销服务氛围特别好。我对于这个酒店每一间套房都非常熟悉，就连门口地毯哪里有问题我都心知肚明，经由酒店管理层和我的一次一次研究，这家酒店的套间售卖的重任落在了前厅部身上，大部分成功销售的套间都是由前台增销服务推荐给客人的。一次偶然的机会，我在总统套房培训，我问大家，这个房间怎么就不能卖呢。之后，在大家认真的调研和策划下，总统套每月也能销售出去一到两次。再后来，对比整个城市的奢华高端酒店，这家酒店的套间的入住率远高于城市较新的其他酒店。

每一粒沙的背后，都蕴含着巨大的契机和学问。在第七章"前台增销服务管理体系的搭建"里，我会详细地讲解如何解读增销服务的收入流。

## 增销服务助力：员工高级感的养成

第一次听到"员工高级感"这个词，总让人觉得是个贬义词，人为何非要分个高低贵贱呢？但是本书的共同作者闫蕾认为，在特定的环境下，这真不能算个贬义词。试想一下，业主投资了一个类似四季酒店或者丽思卡尔顿（Ritz Carlton）的酒店，硬件设施肯定都是精品杰作，结果客人一到店，前台员工便很流程化很生硬地交流，导致体验价值下降，瞬间印象跌落谷底。我想想也对，我自己何尝不是遇到了不少这样的学生呢？他们每个人的成长都非常不易。高级感的打造，真心需要时间的沉淀。

一开始，大部分的前台接待的确受到增销服务奖金的激励，如果不和客人主动有效地交流，推荐酒店产品或服务，他们就拿不到奖金，因此沟通的方式五花八门。经由自己努力获得的增销服务奖金，弥补了工资低的困境，也让他们看到一线曙光，觉得留在前台工作也没有很差劲。

慢慢地，他们在与客人增销服务的交流过程中，发现这个过程能够提升工作的成就感及稳定性，养成主动积极的人生态度，并且跟客人交流也是需要技术含量及各种知识储备的。于是，我的学生里，开始有一小批一小批的人，一路晋升为前厅部经理、房务总监、销售部的大咖，成就了他们的职业华丽转身，也有运用贯穿增销服务的理念，来经营酒店的Spa、健身房的，也有学生参加培训多年后写邮件告诉我，"增销服务的培训及实践，成就了我永不言败、锲而不舍的精神，明白了什么是一份执着，懂得了坚持这个道理不仅有助于工作，也让我在社会生活中更加成熟。"

近几年来，受惠于社交软件的普及，前台接待在提供增销服务后加客人的微信，方便在客人住店期间提供个性化服务。一线服务人员成为酒店与客人间的沟通管道，提升了一线服务人员的工作动能及成就感，也让客人愈发感受到他们的"高级感"。

## 三、你为何不愿意开启增销服务的项目？

**各类工作指标繁重，我为何还要自寻烦恼**

在我的顾问生涯里，也碰见过很多这样的客户。酒店总经理为了业绩操碎了心，各个缝隙里找机会挤收入，于是就请了类似我这样的顾问，帮助酒店拉动前台"增销服务收入"，因为成功的增销服务项目的实施，可以拉动收入增长，提高高级别房型的售卖率，并提升 RevPAR。但是，项目签下来，很多前厅部的同仁们一片哀叹沮丧，心想，难道前台的工作指标还不够多吗？还要再增加前台的工作压力吗？我们现在天天搞"客人满意度"、网络平台好评、集团忠诚客户计划推广，甚至完成卖月饼、卖粽子等各类指标，但卖房间就是销售的工作，为什么我还要管？其实，你的痛，我何尝不懂呢？

销售压力谁都害怕，在完成目标之前，谁都是身披荆棘、脚踏炙沙。但是在销售压力的背后，却忽略了增销服务带来的好处。成功的实施项目，能够提升一线服务人员的工作成就感，在通向成功的过程中，员工也会更好的发掘自身的潜能，铺垫他们未来的职场道路；增销服务奖金，可以缓解一线服务人员工资低的窘境。

我常比喻前台增销服务就是前台接待的小本生意，酒店产品是现成的，客人自己选择酒店品牌自己上门，这生意根本不需要成本。前台接待只需要动动脑、动动嘴，唯一的成本就是你的脑子和你每秒都必须咽下去的口水。这无成本无压力的生意去哪儿找？此外，这生意还可以锻炼你的交流沟通能力，绝对是个赚钱的生意，抢着做还来不及，怎么可能不接受呢？

我曾经和一位挚友，也是一位奢华品牌外资酒店的资深的前厅部经理，深谈过增销服务项目在酒店前台的普及性。她谈到自己的故事，第一家工作的酒店虽然有被称为"前台增销"的项目，但没人重视，增销服务业绩无法入眼；但是她的第二家酒店就非常重视增销服务项目，她眼见前台一线服务人员的变化，大家一开始都是被增销服务奖金的刺激，一路狂卖，为了更多的拿到奖金，大家开始自发主动的研究酒店房型，相互切磋，主动与客人交流，服务态度大大提升，最后有个别员工主动加了客人微信，提供及时个性化的服务。她感受到增销服务项目对于酒店及一线服务人员的一连串深远影响，管理层为员工种下一颗种子，员工自己精心灌溉，开出不同的花朵，有的甚至成长为参天大树，这使得她在工作的每家酒店都会不遗余力地推广增销服务项目。

## 迷失在 RevPAR Impact 评估指标的误区

增销的销售指标是个双刃剑，如果不重视，就会过于颓废，为放弃增销服务项目找 1000 个理由；如果过分激进，容易滋生歪风邪道，这在其他的章节里会具体说明。

一般评估酒店增销服务项目业绩是否成功，有两大指标：

（1）增销服务的收入。

（2）增销服务收入对于酒店客房的每间房收益增长值的影响力（RevPAR Impact）。

由于酒店房间数量的差异，个体收入差异悬殊，如需比较不同酒店之间的增销服务业绩，RevPAR Impact 就成了一个主要的比较指标。但以增销服务的 RevPAR Impact 作为增销服务绩效的主要指标，也仅是很简略的评估方式。

酒店与酒店对比增销业绩时，经常会陷入几个误区：

案例一，客户经常沾沾自喜地跟其他同行炫耀，自己的增销服务月收入有十几万元，可忘记自家酒店有400多间房，OTA预订客人占客源比例的40%以上，这十几万元真的没什么好自豪的。

案例二，同样是一个增销服务月收入十几万元的酒店，RevPAR Impact 的指数很高，酒店的大套基本都是前台卖的，这时酒店是不是应该自省一下，房价或者销售策略是否应该有所调整？

因此，在这两个主要指标的指导之下，还需加入一些细项的客观元素分析，才能更加客观合理地评估结果。

### 增销服务评估体系 SIX Matrix

建立增销服务评估体系的 Six Matrix（city tier, location, hotel segmentation, room rate, room type + extra value, market segment）。

酒店可以通过 Six Matrix 对自家酒店进行测评。

（1）酒店所在城市。

（2）酒店所在地点，如 CBD、景点、郊区等。

（3）酒店类型，如奢华酒店、高端酒店、中端酒店、商务型酒店、度假型酒店等。

（4）酒店房价和增销服务差价。

（5）房型特色差异，特色房型数量。

（6）客源结构比例构成：散团比、协议价预订占比。

产品一：同一城市，比邻而立的两家酒店。

虽然酒店坐落在同一城市、同一区域，对标业绩还需参考套间数量、散团比例、协议价预订占比例，这几大因素会导致增销服务的 RevPAR Impact 相差甚远。

产品二：同一城市，两家品牌级别相同的高端酒店。

因为酒店所在城市位置不同，所处位置的经济团体不同，酒店房价差异，增销服务差价，特色房型数量和景观不同，散团比不同，增销服务的 RevPAR Impact 相差甚远。

　　产品三：同在著名海边度假区的两家类似的酒店。

　　因为酒店所在的海湾不同，海湾的知名度高低定位及酒店品牌的定位不同，酒店产品设计差异，海景房的海景角度不同及房间数量差异，为客人打造的入住感各异，增销服务的 RevPAR Impact 相差甚远。

为了帮助大家更好地了解 Six Matrix 的运用，大家可以对号入座自家的酒店产品。

当然，除了 Six Matrix 为主要测评方向以外，还需要考虑"员工与客人的主动沟通提升""客人住宿体验满意度提升""员工离职率是否降低""员工增销服务奖金金额高低"等辅助评估增销服务绩效的指标。

每个酒店增销服务绩效会因为以上因素各有不同，因此酒店运营团队的着眼点，应该停留在"如何深植增销文化，以提升服务为终极目标，达到增销服务收入最大化"。持久的经营增销服务才是最终的胜利者。

笔者特别制作了增销服务评估自测表，请参考附录一。

## 第二章　增销服务破局酒店高端房型的销售

### 一、你真的研究透彻了房间的预订渠道吗？

**客房销售中的黑洞**

案例一，成都一家开业十几年的老酒店，重新装修后，酒店套间大部分是前台接待经由增销服务成功地推荐给到店的客人。

案例二，上海一家奢华酒店，高高在上，设计惊艳，但最高等级套房（Top Suite）乏人问津，经由前台的增销服务激活客人的需求，最后供不应求。

这两个案例的成功，归功于前台接待把握了在办理入住时与客人本人面对面交流的宝贵机会，弥补了酒店销售见不到签约公司的顾客或是OTA平台预订的客人的缺口，而具备增销服务能力的前台接待，就能在提供服务交流的同时传递酒店产品的价值并进行增销，最大化酒店产品的价值。

通过这两个案例，也充分地展现了酒店销售中的收入流盲区。盲区一：每日上百个预订，你真的解码了"一串预订号"背后的深意吗？盲区二：OTA平台什么都能卖出去吗？

**盲区一：　解密"一串预订号"**

每一位入住酒店的客人，都会经历以下的情况。在酒店用早餐时，客人到达餐厅门口，接待员最在意的不是对客人的问候，而是"你的房间号是多少"。大部分的酒店都要求报房号，只是为了确认客人的房价是否包含早餐，但报了房号后，服务员会称呼客人的姓氏吗？除非这位客人是酒店的大常客，否则这些客人在员工的眼里是个房号而已。

我因为培训的缘故经常住酒店，早餐是必须吃的。刚开始我还会和站在餐厅门口的服务员礼貌地说早上好，但我得到的回应99.9%的都是"请问您的房号"。不久以后，我就转变了自己的态度，一进餐厅就毫无表情地自报房号，快步走进餐厅用餐。因为站在餐厅门口的服务员只是为了执行酒店财务的任务，确认客人的房间是否包含早餐，完全没有服务，而我——客人，就只是个房号。

其实这个现象体现在酒店各个角落，酒店前台接待在办理入住和退房时，有与直面客人交流的宝贵机会，但在很多前台接待眼中，客人的代码就是预订号和房号，还有什么其他需要了解的吗？因此，我在培训时经常会让学员回忆这两天办理入住或退房客人的姓名、特征及长相，但通常得到的答案是：除了对投诉的客人，或是交班会上说过的VIP客人还有点印象，其他都是一脸茫然，啥也不记得。

俗话说，见面三分情。把握这宝贵的与客人直面交流的机会，在服务交流的过程中才能传递酒店产品的价值，但绝大多数的客人，除了自己的房间和早餐餐厅，对酒店产品和服务又了解多少呢？

## 盲区二：OTA平台什么都能卖出去

OTA平台有庞大的销售渠道及会员人数，涵盖面广，对于酒店住房率，特别是基础房型的预订，有很大的帮助。但OTA是渠道销售，以量取胜，赚取佣金，虽然帮助填充了住宿率，但高级房型绝不是OTA渠道的销售目标房型。

很多时候，酒店为了提升OTA平台的预订量，配合OTA的优惠活动，免费把基础房型的客人升级到高级别房型，或是在第一章谈到酒店主动提供免费升级换取OTA客人的好评，导致高级别房型存在的意义变成了各类筹码，而从高级别房型销售量的角度看，这并没有实质性的贡献。

现实中，有许多这样的案例，前台接待在增销服务过程中和客人交流的很顺利，报价后，客人从容地打开手机，查阅了几下，说："某某平台的房价比酒店价钱便宜啊？"前台接待这时只能给予各种解释。例如，OTA渠道的价钱虽然有时较优惠但也可能订不到，因为是限量供应；或是OTA渠道的价格经常倒了好几手，酒店也控制不了他们的价钱，之后会和酒店销售部说明这个问题。这样来来回回，将浪费了客人多少时间？有些客人觉得没拿到优惠价，自己吃亏了，也就回绝了推荐的房型，或自己在OTA渠道预订。遇到这种情形，我建议酒店授权值班经理,同意以当下OTA渠道显示的优惠价给予客人,提供财务部审核,并且告知酒店销售部。也有酒店不接受我的这个提议,坚决不给予和OTA渠道同样的优惠价,情愿客人在OTA渠道预订,再由酒店付给OTA预订佣金出,或是客人因为价钱贵于OTA而拒绝推荐的房型,这是我不能理解的。

OTA平台的日渐成熟,让酒店客房销售的功能有一大部分被OTA平台所取代。来自OTA平台的预订,以基础房型为主,预订的客人又多为第一次入住酒店,对于酒店的房型及设备设施并不熟悉,前台接待把握住与客人沟通交流的机会,并推荐适合的酒店房型及服务就倍显珍贵。酒店仅需给予前台接待增销服务奖金,这个金额比OTA平台的佣金实惠太多,且不需依赖第三方销售高级别的房型。增销服务应该是前台办理入住的必须流程,也应成为酒店销售渠道的重要组成部分。

假设,案例中的两家酒店没有启动前台增销服务项目,而只靠着OTA平台销售,那老酒店的套间,或是奢华酒店的TopSuite很可能还是冷冷清清地空在那,或者拿出来免费升级了。酒店精心设计及投资装修或建造的套间也只能孤芳自赏了,多么可惜。目前,全国各地酒店客房新增供给不断成长,竞争激烈;社交平台的广泛使用,削弱和改变了酒店销售的工作职能,而且OTA平台也可以和公司客户签订协议,而酒店销售必须要更加努力与公司签约,拉进MICE会议预订,且大部分的预订都是基础房;OTA预订平台走量冲住房率,也仅有以基础房预订为主。问题来了,高级别房型真的有存在的价值吗?高级别房型要卖给谁呢?

## 二、增销服务才是酒店高端房型的重要销售渠道

### 酒店高端房型资产的坎坷命运

首先要知晓高端酒店为何需要有高端房型。从评星标准来看,套房是星级酒店评星标准里的必要条件;从客人需求角度来看,很多酒店集团都有一批愿

意付费入住套房的客户，例如凯悦（Hyatt）集团全球客户群体里，有10%以上的客人都在付费入住套房；从业主的角度来看，套房宛如女人的高级珠宝，不属于通勤款，但每一件都是心头好的藏品，因此业主会斥资几千万元的设计费，请Yabu、Tony Chi、Jaya等室内设计大师操刀。因此，高端房型存在的初衷，并不是只为免费服务酒店集团高级会员，又或者房型超卖时拿来平房，甚至免费取悦客人换取好评。

现实中，大部分酒店都会着重销售主力房型，基础房型超卖的现象四处可见，客人到店后，酒店前台接待缺乏识别客人需求的能力，无力推荐更适合的房型，为了解决面前客人无房的燃眉之急，免费升级就变成了最便捷的解决方案。久而久之，客人从被动升级，演变到主动要求免费升级的恶性循环，酒店渐渐地失去对房间安排的主导权。

对于没有开启增销服务项目的酒店，前台接待看待高级别房间的心态是，空着就空着，自己又不是销售，也不是收益经理，免费升级房型能解决燃眉之急，那就这样吧。在基础大床超卖的日子，高级别大床房型就当做基础大床房用免费升级。

但对于开启了增销服务项目的酒店，前台接待就会很舍不得将高级别大床房型用来免费升级，而会努力增销高级别大床房型，例如套间，赚取增销服务奖金。前台接待也不再以Order taker的心态在操作房间，增销服务是破除以免费升级为平房的唯一出路。

北京东边的一家奢华酒店的业主代表告诉我，他开始被员工洗脑，觉得这套间卖出去太艰难，基本都是集团高端会员免费升级用了，后来他自己亲自去前台观察，和客人攀谈，有些客人直接告诉他，不需要免费升级，这些客人出门的标配就是住套间，但要求酒店提供与房价相当的优质服务。这个案例打破了酒店的内卷，不是所有客人都爱免费都喜欢占便宜，免费升级也不是换取客人好评的唯一方式。

在酒店培训的时候，我个人也经常被员工挑战例如，我们酒店基础房型天天超卖，忙死了，不免费升级客人还有别的方法吗？他们的问题和答案都出奇一致，此时此刻，我会问他们一个问题，难道房间免费升级没有成本吗？

据我所知，免费升级房型不会以成本记录在P&L（Profit and Loss，损益表）上，而赠送迎宾水果、果盘、酒、酒店纪念品等，都会有成本金额清楚地记录在P&L。由于房间的免费升级成本无法体现在每月的P&L，也就造成了房间免费升级变得难以控制。虽然酒店每天都可以从报表里看到免费升级的情形，但其效果很微弱，如果免费升级的成本能每月体现在P&L上，管理层天天看见免费升级对ADR（Average Daily Rate，平均房价）的严重危害，我相信大家重视的程度肯定完全不同。

### 前台接待不了解酒店房间特色

既然前台增销服务可以成为酒店高端房型的销售渠道的一部分，那又该如何更好地帮助前台一线员工转变角色呢？前台接待的工作重心通常专注于房间的安排，对于大床、双床、位置（楼层高低、离电梯远近、邻街交通噪声、邻近工程噪声等）非常了解，但对于提高客人住宿体验的房间特色，例如房间空间的独特设计、房间独特的灯光灯具、套间的高档音响设备、套间的高档备品，却只略知一二，甚或完全不知，因为客人很少会投诉这部分！

最常见的情况是，前台接待入职训练时只看过总统套房，而回到前台工作岗位上，因为工作忙碌，没有时间仔细查看了解各个房型的特色，也就是走马观花地粗略地看了房间，行政酒廊更是从未参观过也不感兴趣，客人问到细节的问题就问资深的同事或打电话问酒廊的同事，结果就是前台一线服务人员无法自信、专业地在第一时间传递酒店产品的价值给客人，产品与服务的结合脱钩了。

还有让我更加惊讶的，带着新进培训的前台服务人员看房间了解各个房型的特色，新进的员工进到房间时，他们更感兴趣的是针线包、洗衣袋、手电筒、雨伞放在哪儿，Mini Bar有啥饮料，至于房间的特色，例如朝向、家具、浴室等的细节，基本不感兴趣。

但在增销服务项目开启后，不但在培训时加强前台一线服务人员对于房间特色的专业知识，并且在增销服务奖金的驱动下，前台一线服务人员也会主动提升自己对于酒店房间特色深入的了解，因为具备专业房间特色知识后才能更好地推荐适合的房型给客人，结果是酒店房型特色的价值经由服务人员最大化地传递给客人！从而达到提升服务品质，提高客人住宿体验满意度，实现酒店收入的增长，一举三得！

### 谁在消费高端房型

2020 年初的疫情，改变了社会的消费模式，消费主力军都留在了国内市场内循环。自此以后，中国成为了全球奢侈品消费第一的国家，奇怪的是，中国的奢华酒店却并未深度开发高端消费人群购买高端房型的潜力。

出入奢华酒店的客人卧虎藏龙，谁才最有资格去发掘这一类客人呢？答案是，前台接待。酒店管理层、市场销售总监、收益经理和酒店销售都在忙着完成客房收入预算，除了酒店的入住高峰期，或者已经很明确定义了客人的身份，销售团队对于房间数较少的高级别房型用力很少，更加没有时间去了解从网络渠道预订进来的客人，殊不知，这些高端消费客人就隐藏于每天的预订中，并等待被激活潜在需求，而只有酒店的前台接待才能接触和服务到他们。

本章案例二提到的上海的奢华酒店，在增销服务项目开始前，Top Suite 的出租率很低，酒店管理层一直在犹豫到底如何定位这些价格不菲的套房，期望把 Top Suite 卖给符合酒店形象的客人们，期望"收益"和"定位"两全其美。总经理提出了这一期望后，我默默地想，他算是找对人了，经由不断地和酒店团队对于 Top Suite 增销服务方案的探讨和实验，前台对于 Top Suite 的增销成功率越来越高，这些 Top Suite 的收入一年可高达人民币数百万元；前台接待在增销 Top Suite 的过程中，替酒店发掘了不少忠诚的高端客人。

因此，谁在消费高端房型，是需要每一家酒店耐心地发掘，酒店管理层要看重一线服务人员与客人面对面观察交流的宝贵机会，增销服务是发掘高端客人的有效方法之一。

## 三、酒店前台一键掌控高端房型销售的命脉

### 酒店前台管理需要脱离"工业化管理"

其一，套用制造业的模式管理酒店一线服务人员是行不通的。

（1）酒店前台接待如同工厂工人，主要的工作是接单，按照每天的预订完成办理入住、退房，重复性高，速度和效率是评估前台接待工作绩效的指标。

（2）酒店前台员工遵守着 SOP 完成任务，SOP 越详尽越好，一线服务人员只要如同机器人般完成指定的工作，错误越少越好，也就是产品的良率。

工厂工人面对的是机器，机器不会受到工人情绪变化的影响，酒店前台接待提供服务的对象是客人，人与人的交流重在"情"和"度"，员工和客人都是有智慧有情感的人类，看似不断重复的入住和退房的过程中，蕴含衡量服务品质的语言、表情、肢体动作，以及情感的交流，是一项在重复同样工作下，却蕴含巨大变量的工种。在高效之上，更迫切需要的是对员工的沟通能力的重视及培训，才能与客人有很好的互动，并在服务的过程中传递酒店产品的价值。

其二，直接面对客人提供服务，并传递酒店产品价值的一线服务人员，薪资和工作能力要求是不成正比。

传统的酒店运营模式将一线服务人员归类于劳力密集的酒店组织底层，涨工资在财务成本上似乎是摆不平的一笔账。酒店业必须重新评估前台接待在酒店运营中的重要性及价值，因为他们很可能是酒店唯一能与客人面对面交流提供服务传递酒店产品价值的服务人员。

本章案例二的酒店里，酒店总经理，注意到有一位前台接待的年度增销服务奖金高达人民币十几万元，总经理非常惊讶，但他也随即注意到这位员工替

酒店创造了高达人民币 200 多万元的年度增销服务收入，而且收入的主要来源都是套间。总经理微笑着说："Great job！We should encourage more Front Desk receptionists to be like her."（太棒了！我们要鼓励更多的前台接待向她学习。）这位前台接待不论多忙多累，对客服务非常亲切并且有耐心，同时持续努力提供增销服务给适合的客人。我经常听到酒店财务说，前台增销高手的工资加上增销服务奖金都比值班经理的工资高！

前台增销高手凭着自己的努力，经由增销服务提高酒店营收而领取奖金是值得鼓励的！当前台增销服务业绩好，增销服务奖金也不错，酒店其他运营单位的员工都想转调到前台，前台都不愁招不到人了。

培训前台接待注重增销服务的交流过程及技巧，培育复合型人才，形成服务和增销的无缝接轨，体现价值，给予前台接待增销服务奖金，员工因增销服务奖金而离职率降低，自我工作能力进步，服务品质提升，客人的满意度提升，酒店的营收提高是水到渠成的结果，这样才能逐步走出因为工资低造成的一线服务人员枯竭的困境。

## 前台员工的"软实力"是破局的关键

第一章提及过"员工高级感养成"。"高级感"是对于酒店前台员工的综合认知，其中包括酒店产品专业知识、沟通交流的能力、同理心的服务态度、社交礼节的熏陶、高端产品知识积累和生活美感综合认知。

酒店硬件产品和软性服务的输出，其本质是价值的传递，中国经济经历了 20 年的高速发展，在过往的很长一段时间里，酒店产品传递的价值，多立足在名利场效应，是面子、权势和财富地位所体现的价值。但是，很多客人对于物质的追求已经达到了临界点，该消费的高档酒店都去过了，现阶段大家的重心转移到内心的情感需求满足，因此员工所代表的服务是酒店的软性标志，也只有软性的服务才能产生共鸣，让客人的内心带着美好的回忆离开，这样的价值才能成就品牌。因此，员工的高级感和酒店品牌的价值是相辅相成的。

很多人会抱怨，这是理想主义的酒店员工，但现实太骨感，连人员都没有，去哪儿找到高级的员工呢？这绝不是天方夜谭不可能实现，我给大家举个实例。

大家都知道丽思卡尔顿酒店特别重视培训员工与客人的交流能力，其服务人员"暖心ENGAGE"客人的能力特别强，而整体酒店的氛围就是以与客人交流为主。

我在成为丽思卡尔顿专属培训师的那几年，感受颇深。每到培训休息的午餐时间，学员们就会很自然地关心我午餐安排怎么样，需要给我介绍一下餐厅的新菜单，提醒我不能每次来都吃一样的食物。下课后，非常有耐心地陪着我收拾教材电脑，然后一起离开教室，还会抢着帮我提电脑包，感觉很暖心。我每次到丽思卡尔顿酒店开展培训，都有回家看到自己的孩子们的感受，因为他们传递了"暖心"的服务价值给我。

而在很多其他的酒店，学员们在茶歇、午餐或下课后都躲着我，不敢主动和我交流，其实我心里知道，他们只是不习惯，也不知道该如何和不熟悉的人主动交流，其实他们都有着关心并且乐于助人的服务同理心，但却不知如何表达，从哪里开始破冰。因此，从哪里开启"破冰"是门学问。

丽思卡尔顿的酒店文化，重视与客人的交流，因此学员们很自然地表达自我，而很多其他酒店的学员，因酒店文化里缺乏这一文化，使他们不善于和不熟悉的人交流及表达。在上课时我和学员们还有提问交流，也算是半个熟人了，下课时他们都还不习惯主动和我交流。可想而知，当他们接待面前一位陌生的客人时，除了入住退房SOP的交流外，他们怎么可能会和客人主动沟通交流呢？如果只有机械的SOP，连客人的名字和脸都记不住，那酒店品牌价值如何传递呢？

### 市场文案再好，不如前台员工一张嘴

再说另一个案例，我很钦佩酒店电子商务部门（MARCOM）的朋友精心设计出的各类酒店推广的文案，但可惜，大部分的酒店前台接待对于文宣内容，

仅只能通过酒店内部公告（Memo），或是前台例会时略知一二，当客人问起或提及文宣推广的产品具体内容时，一无所知或者略知一二是很平常的现象。我一直有个疑问，前台员工不应该先是电子商务的内部销售对象吗？对客传递酒店产品价值的前台员工，如果连他们都不知道该销售产品的价值和内容，那这些美丽的宣传单有什么作用呢？反而言之，日积月累、耳濡目染酒店文宣的培训熏陶，必定能提升一线服务人员对于酒店产品文化的深刻认知，面客的员工才是酒店文宣最佳代言人。

看到这，各位酒店朋友们可能在心中打了个大问号？这太不现实了，我们的前台小朋友每天例行的工作都做不完，哪有时间参加这种与实际前台业务不相关的培训呢？酒店电子商务的朋友们却认为，宣传单上写很清楚了，员工不会自己看吗，哪里还需要我们花时间培训。我完全理解你们的疑问和立场，这是养成一线服务人员软实力的新尝试，和以往过于注重技术性业务的培训确实不同，这就如同我在一家家酒店所开启的增销服务项目，经由培训、一对一的辅导，不断提醒和鼓励学员，绞尽脑汁发掘酒店产品的新卖点、酒店房型的新价值，才能终究会开花结果。软实力的养成是需要长期主义的心态，是耳濡目染、潜移默化的过程，但它传递给客人的价值是深远的。

过于专注于运营结果，即财务数字和营收，将导致忽略了酒店的核心价值——服务品质。房间的销售依赖OTA平台，以免费升级换取客人的好评，实习生取代正职员工，这种短线的操作正渐渐地侵蚀酒店的服务品质，最终会造成营收的下滑、房价的停滞、竞争力的衰退。

**增销服务奖金制度的双刃剑**

现今酒店招聘酒店前台接待的难度系数很高，因为大家都知道酒店的一线服务人员工资低，工时长，劳心又劳力。今时不同往日，20年前，酒店前台接待是香饽饽，而现今，高大上的形象早已不复存在。要突破困境，酒店人力资源部的招聘人员在招聘时就必须画一块大饼来吸引年轻人，其中启动增销服务项目的酒店就以增销服务奖金为招聘时的重头戏。

经由增销服务项目的展开，迅速地提升了酒店前台接待的沟通能力及销售潜质。记得在2008年后期，房地产价格刚开始上涨，我经常听到前台的增销高手闲聊，说用增销奖金付房子的月供。有个例子让我印象特别深，曾经有一位北京酒店的增销高手，很会理财，运用增销奖金买了2套房子，酒店的总经理都知道此事，还开玩笑说："每位前台接待都可以去买套房子，大家增销起来就有动力了。"事隔多年，这几位运用增销服务奖金买房的年轻增销高手，估计已经坐拥上千万元的资产了。每月几千上万元的增销服务奖金，确实降低了前台一线服务人员的离职率，我虽然没有统计数字可以分享，但我印象深刻的是，增销服务收益不错的酒店，前台服务人员的变动就是少。而新人少，我的培训工作也轻松许多。这些年轻的孩子们都是很聪明的，他们也会算一笔账，增销服务就是一个只赚不赔的机会，有点想法的孩子都会紧紧抓住。

然而，增销服务的奖金制度也是双刃剑，如果奖金变成了唯一的目标，慢慢就会变成硬性推销，客人的抵触反感是必然的结果，所以增销服务培训极其重要。只有给予员工正确的方向和培训，才能做到以服务为主轴的增销服务，进而提高客人的住宿体验和满意度。

在我遇到的项目里，有一部分的管理层认为激励前台员工增销很简单，"重金之下必有勇夫"，例如以增销金额的15%~20%作为奖金。但导致的结果就是前台一线服务人员为了增销服务奖金而专注于增销是否成功，想出各类灰色手段来达到目的，完全忽略了增销服务时与客人交流互动的过程和客人的感受，硬性推销成为常态，增销服务只剩下金钱交易，丧失了服务的内涵。我认为仅以增销奖金作为驱动，而不给予前台员工增销服务培训是短线操作的心态，缺乏长期主义向下扎根的动力，提升培训员工增销服务的意识并实践是需要时间及坚持的，正面循环形成后，方能突破目前的工资低、人才枯竭、人员流动率高的窘境。

## 酒店前台团队方能破局高端房型销售

在酒店业主投资的最前期，业主会斥资几千万的设计费，请知名室内设计大师操刀：小到房间的设计细节，例如套间浴室的双盥洗盆、套间客厅的进口的水晶吊灯、房间的家具风格、餐厅里考究的瓷器和水晶杯品牌等；大到酒店大堂的名家名画、雕刻、艺术品。大家可以做个小小的测试，到底有多少员工能说出个所以然来？更别提如数家珍地专业介绍给客人了。再美的酒店硬实力，没有服务人员好好地呈现和传承，只能是虚有其表、内涵空洞，随时会受到新酒店的冲击，不久的将来美丽的设计也会面临老旧的困境。

我有过很多的同类案例，其中最有对比性的案例，当属我在2010年在青岛同时开启增销服务项目的两家酒店了，这两家酒店很有趣，一家酒店是新开业的城中新贵，坐拥绝佳的一线海景的奢华酒店；另一家酒店是曾经独领风骚10年的高端酒店，但已略显老旧。

还记得我第一次去新开业的酒店的行政楼层参观，被眼前的无敌海景震撼了，但奇怪的是，行政酒廊空空如也，没有客人。原因是，前台员工还在摸索学习如何传递酒店产品价值给客人，员工难以启齿给客人介绍无敌海景的行政酒廊，经过将近一年的增销服务培训及不断地个别辅导，前台的一线服务人员才有自信并专业的推荐行政礼遇，最后行政酒廊天天爆满，业主最终考虑把使用率极低的餐厅改造成另一个行政酒廊。

而另一家曾经独领风骚但已略显老旧的高端酒店，前台一线服务人员办理入住退房的流程很熟练，而且员工都非常资深，跟客人沟通的技巧娴熟，但问题是员工对于酒店的房间缺乏信心，虽然酒店的房型以套房为主，但设计风格和家具样式已经过时了，尤其新开业的酒店距离他们很近。也是历经将近一年多时间的增销服务培训及不断地个别辅导，前台一线服务人员对于房间的特色及家具品质和材质有了深入的了解，才能自信并专业地推荐价格合理的套间给客人，一度跌入低谷的增销服务收入才又回到了顶峰。

青岛近几年迎来新的高端酒店开业，新酒店的冲击及老酒店困境将不断重复。不论酒店处于产品生命周期的哪一个阶段，硬件的设计及品质需要结合当时的市场情况，以及当时客源结构需求，不断地给一线服务人员培训讲解，要知道培养由复合型人才组成的一线服务团队才是王道。如果只是走马看花，参观酒店房间时就展示一下吹风机在哪里、雨伞在哪里，那业主斥资巨额资金的酒店设计特点及房间特色，就很难深入一线服务人员的心中，更别期望他们能专业积极地推荐给客人了。

最后，反思问题的症结有两点：

（1）酒店不注重一线服务人员专业产品知识的培训。

（2）一线服务人员流动率高，对于酒店专业产品知识无感。

酒店必须改变仅以直观的成本支出考量员工的培训及工资，提升及发展员工的素质及潜质才能使繁花似锦的酒店价值经由服务人员最大化地传递给客人，最终提升酒店的营收。

增销服务成就高端房型的销售是需要长期经营的，酒店一线服务人员就是酒店最有价值的资产，重新定义一线服务人员在酒店运营中的角色，开启以服务为主轴的增销服务项目，让一线服务人员在与客人服务交流的过程中传递酒店产品的价值，方能达到提高客人满度并实现酒店营收的目标。

# 第三章 重塑酒店房间的资产价值

## 一、打破房间审美的"眼盲症"

在给客人介绍房间时，最惯用的华丽辞藻有"最美的""最 in 的""明星房""特色房"等。可是从客人的角度出发，当客人听到这些词汇时，脑海里会反映出怎样的画面呢？每个人的想象空间都很不一样，有的人甚至是一片空白，所以深度解读房间特色，并形象且具体地描述出来给客人是一项很强的技能，而这项技能需要被开发、植入并且不停地培训。不然，岂不是辜负了业主的投入吗？酒店房间的特色琳琅满目，我从客人的需求和关注程度出发，将房间特色归纳为两大类——主流大众需求的房间特色和小众需求关注的房间特色，以便更多酒店人能更快更简单更有重点地掌握这项技能。

### 四大归类法：掌握主流大众需求的房间卖点

第一类：景观

景观是主流大众最关注的房间特色，也是最有卖点的特色，对于酒店的平均房价至关重要。

**1. 有卖点的知名景观：看山，看海，看江，看河，看地标**

酒店业主能够在观景最好的地点拿到地块，并建筑酒店是极不容易的一件事，尤其是在地貌复杂的山里建酒店成本很高。例如一线江景、无敌海景、地标全景、森林别墅等。在介绍房间景观时是否有最大化体现景观的价值，而达到提升客人住宿体验满意度及提高房价的结果呢？例如，三亚的酒店以海景为主，酒店房型分为普通海景房、豪华海景房、全海景房，以看海角度为房间分类；上海也有以景观为房型分类的酒店，外滩景观房、江景房、东方明珠景观房等。

大部分酒店不会在房型名称上写得这么清楚，特别是以商务为主的城市酒店。这时就需要酒店服务人员深度解读房间景观，才能在介绍房间景观时提升景观的价值，以下几点是必须深入解读的。

**地标名称**　必须清楚地说出地标名称，才能突显景观的价值，让客人有到此一游的强烈感觉，在其脑海里出现的画面也才更加形象具体。例如，上海的黄浦江、东方明珠、三栋摩天大楼（很多人到最后都不知道这三栋建筑的名称），天津的海河，成都的母亲河、府南河等。青岛、大连、广州……每个城市都有著名景点地标，而且新的地标也在不断更新中。

**看景角度**　每个酒店都有景观房，但是每个不同的观景角度体会都很不同。90°、180°、270°甚至360°，看景的效果当然不同，房价当然也不同，但要如何体现180°的价值，就是要清楚地说出看景的角度及90°、180°所看到的景观的差别。举个常见的例子，酒店的景观房和景观套房看景角度是不同的，景观房大部分是90°，但景观套房因为空间大，有客厅和卧室，看景的角度就提升为180°，必须清楚地说出看景的角度及所看到景观的差别才能突显两者的区别。不同房型，不同看景角度，决定了不同的房价。

**白天和夜晚的景观**　白天和夜晚的景观其实有着很大的不同，必须清楚地说出早晚景观各自的迷人之处，才能突显景观的价值。例如上海的黄浦江，白天看是一条波光粼粼，有着历史幽情的大江。晚上，则是呈现出由灿烂辉煌的万国建筑群构成的外滩景观。全球就一个上海，而上海只有一个外滩，百看不厌。再例如，很多酒店的房间白天可以欣赏城市或公园景观，夜晚则可以欣赏灯光灿烂的繁华城市夜景。

**地标的历史典故**　如果酒店房间的独特的地标景观是有历史典故，必须清楚地说出来，这会大大提升房间景观的价值。当你引经据典，娓娓道来酒店地标景观的历史典故时，不但能展现你个人的文化底蕴，也能更好地打动客人。

## 地标的历史典故案例

（1）北京的亮马桥。说到亮马桥，要先说一说亮马河。它是东直门外一条小河，相传早年间来京客商的马车队在进城之前，都要在这条小河里给马匹洗刷，冲掉一路的征尘，洗完马后，便将马拴在河边的大柳树上，等把马身上的水渍晾干了，再进城，以图吉利。于是，将此河称为"晾马河"，后谐音为"亮马河"。清朝时，在河上修建了一座汉白玉石桥，称亮马桥，当年的小石桥早已没了踪迹，在亮马河上建起了一座大型立交桥，最初称亮马新桥，后因表彰为建桥出资捐助的企业而称燕莎桥。亮马桥地区紧临CBD商圈，高楼大厦林立，已成为北京东三环的黄金地段。

在北京宝格丽酒店的套间喝着下午茶，凝视着亮马河的景观，仿佛看到马匹在河里洗刷的情景，隐约中也似乎听到马儿的嘶叫声。

（2）成都的安顺廊桥。一座曾经被写入《马可·波罗游记》中的知名景色："城内川上有一大桥，用石建筑，宽八步，长半里。桥上两旁，列有大理石，上承桥顶。盖自此端达彼端，有一木制桥顶，甚坚，绘画颜色鲜明。桥上有房屋不少，商贾工匠列肆执艺其中。"

我还记得从成都香格里拉房间俯视安顺廊桥的灿烂夜景，想着《马可·波罗游记》的描述，自己就是历史的过客，眼前的烦恼似乎烟消云散。

（3）天津的海河。去过天津的朋友都知道，天津海河的迷人夜景。海河有天津小外滩之称，但你知道海河名称的由来吗？海河是中国华北地区主要的大河之一，北运河、永定河、大清河、子牙河、南运河，五条河流自北、西、南三面汇流至天津后称为海河。这么一说你是否觉得自己特有文化，海河景观的价值就大大地提升了。

> 天津瑞吉酒店的河景房冬天海河结冰白茫茫的景观特别美，原本就想着为何取名为海河，了解了它的缘由后，更加感受到海河的美。

最后，社交网络上各路网红扎根奢华酒店，发掘打卡的角度，让粉丝隔空也能感受到景致的诱人。而作为每天工作在酒店的同仁们，你们真的知道房间拍照最美的角度吗？应该通常是客人发照片在网上，酒店才发觉自己的房间火了，这么说来有点惭愧。其实，大家可以主动发觉，不要每次自己酒店变成网红了还浑然不知，全靠客人帮你完成这项工作，花点时间了解景观房拍照最美的角度介绍推荐给客人，突显专业的同时还可以大大提升景观房的价值。

### 2. 一般景观：看城市，看建筑，看公园，看夜景，看喷水池

大部分的酒店，都处于城市或郊区，没有天然的倾国倾城的景观，那该怎么办呢？如何在介绍时，既能提升此类景观的价值，又能实现提升客人住宿体验满意度及提高房价的结果呢？

**城市景观与季节结合** 北京的酒店大多是以城市景观为主，如果酒店能够看到紫禁城的一角，或是长安街的景色那可是了不得的，但大家肯定没有想到，北京的气候四季分明，四季的景致也是很棒的卖点。所以，可以将房间的城市景观与季节结合。例如，北京使馆区一年四季的景观都不同，我特别喜欢从北京瑞吉酒店房间，凝视窗外秋天树叶飘落，欣赏冬天萧瑟的使馆区景观，非常有意境，仿佛时光回到了几十年前，瞬间忘记了眼前工作的压力，很疗愈！正是因为这景观让我对北京瑞吉酒店印象深刻，而它就是打动客人的卖点之一。

**景观与大自然结合** 三亚一直都是热点的旅游目的地，客人都是冲着海景去的，但酒店看不到海景的房间就没有景观了吗 三亚不但有海景还有其他大自然的景观。多年前，我去三亚培训，酒店并没有安排我住海景房，而住的是美其名的"红树林景观房"，当时我也没对房间的景观抱有希望。但当酒店的接待

带我到房间时，首先他就走到窗边拉开窗帘告诉我，早上拉开床帘，映入眼帘的是白鹭在红树林间飞舞觅食，如果运气好，傍晚时分还会看到一道彩虹，他这么一说马上改变我对房间的看法，房间的价值因为窗外大自然的景观而大大的提升。直到今天，那窗外大自然的景观成为我对三亚的美好回忆之一。

**建筑景观与文化结合** 北京是古都，历史悠久。如何将房间的景观与建筑结合呢？我印象很深刻的是有一位学员，居然能把对着医院的房间当景观房卖出去。在参观房间时，前台接待就介绍说您看这房间可以看到白墙绿瓦中国传统的建筑，老外特别喜欢，我说这挺好的，是啥建筑？接待说这是北京的协和医院。虽然我们中国人不喜欢看着医院，但老外是不介意的，这白墙绿瓦中国传统的建筑就成了房间景观的卖点。

**建筑景观与电影场景结合** 我印象最深的是上海浦东陆家嘴金融区附近的一家酒店，被一栋栋摩天大楼环绕其中，从高楼层房间的落地大窗望出去，会有一种身处科幻电影般魔幻的感觉，特别不真实却又近在眼前。这里也得到国内外电影电视剧拍摄的青睐，连汤姆·克鲁斯的电影都挑选此处为拍摄地，值得体验。

**公园景观与房间设计结合** 当酒店的房间景观极其平凡时，也不用着急，可以将景观与房间设计结合作为打动客人的卖点。例如，北京的东丽思位处北京东三环，环绕在城市的高楼之中，旁边有一个小公园，而酒店的小套房有一个温馨的客厅，恰好面对公园，午后时分当阳光照进客厅，看着这绿意盎然的公园景观，聊天喝茶，特别享受放松，这就是房间的公园景观与客厅的结合，是不是打动了你呢？约上两三好友，在房间里来个下午茶，多美好。

**夜景与房间设计结合** 中国一、二线城市的夜景大都绚丽灿烂，有的城市还有灯光秀，配合房间的落地大窗，确实能达到在房间工作或休闲时赏心悦目的效果。我记得的是在深圳一家酒店的房间，边工作边欣赏灿烂辉煌的城市灯光秀，对于时间宝贵工作忙碌的商务客人，确实是非常难得的享受。

**喷水池景观与风水结合** 大家是否注意到，有很多的酒店在大门前都建设有喷水池，一方面是增加景观及气派，另一方面是风水上的考量，因为喷水池带财，所以当房间的景观面向酒店的喷水池也是有价值的卖点，特别是对于注重风水的生意人而言，我特别喜欢北京东方君悦酒店朝向喷水池的房间景观，看着喷水池源源不绝向上喷出的水，有着能量满满的感受，搭配上晚上喷水池的灿烂灯光，更有财源滚滚的象征。

要深度了解这些景观上的特色，必须花点时间好好欣赏酒店房间的景观，并且牢记同一房型里的哪些房号的景观与众不同，在介绍推荐给客人时，才特别能突显你的专业。景观有着人们追求美好的元素在其中，美好的景观将带给客人好心情和终生难忘的回忆。

## 第二类：房间尺寸的价值

房间的尺寸，也有超越大小的价值所在，其能体现客人身份地位的不同，客人的优越感、尊贵感，赋予了房间大小尺寸不同的附加值。

**清楚说明房间是多少平方米** 每个人的生活标准和品质的不同，造就了对房间标准的不同。有些人认为60平方米的房间已经很大了，但是有些人却住惯了大宅子，习惯更大的房间。套间有80、90平方米的，也有100多平方米的，这之间的差别是很大的，必须说明与原来房间相比大多少，才能清楚地表达房间的大小。2007年前兴建的酒店，房间面积都普遍小于30平方米，之后兴建的酒店，房间面积都普遍加大，还设计了面积大于高级间的豪华间或超豪华间（Premier Room），房间的大小成为卖点。大套和小套都是一室一厅，主要差别就是房间的大小，通常都有20~30平方米的差别，所代表的优越感、尊贵感、身份地位自然不同。

**必须清楚的说明"大"在哪里** 房间的空间设计是大在办公区、休闲区，还是卧室或浴室，必须清楚说明，区域空间大小的设计影响到房间的居住功能。例如，大约2000年间流行开间的套间，没有分隔为一室一厅，办公区和休闲区特别宽敞，在房间工作时心情很放松；有的套间的浴室空间超大，通常配备有超大浴缸,这是休闲客人的最爱……必须将房间大小及空间设计特色清晰地说明。

**必须说明房间的格局**　例如套间有独立的客厅和卧室,尤其是格局方正的气派的客厅,是大老板们的最爱,特别适合谈生意或招待客户。也有的套间是开间设计,通常是小套间,例如早期流行的 Studio Room 通常是开间有较大的空间,客厅和卧室是通透的,工作区特别宽敞,但大部分中国客人的固有思维认为套间的标配是独立的客厅和卧室,所以开间的格局要特别说明,这类房型适合2大1小的家庭入住,因为有小孩玩耍的宽敞空间,又不会离开父母的视线,安全又舒适。

**掌握套房客厅区域可容纳的人数,会议桌或餐桌可容纳人数**　这类特色的尺寸信息对于客人点客房餐饮、外卖,或在房间开会、款待客人、家人聚餐很重要,在增销服务过程中千万不要一问三不知,搞得还要询问同事或客房部,凸显自己的不专业。

### 第三类:浴室

随着生活水平、生活品味的提升,享受放松是很重要的人生追求,因此客人对酒店房间浴室特色的要求也逐步提升。在重新解读房间特色时,必须关注酒店浴室的特色。

**干湿分离**　如果酒店不是所有房型都是有独立淋浴间的,必须清楚了解哪些房型有。有些讲究的客人是要求必须有独立淋浴间的,特别是西方人。

**浴室空间的大小**　特别对于住宿人数多于1人时,浴室空间宽敞的特色必须说明。

**浴室的布局**　很多套房的浴室都有连通客厅卧室的两个门,方便出入,早起或晚睡时不会打扰到另一位(其实很可能是建筑的限制或节省建造两个卫生间的成本而有此设计);也有盥洗、淋浴和浴缸是分隔开的,更适合同行人使用浴室。

**独特的淋浴花洒**　各种独特、有按摩功能的淋浴花洒值得介绍,有助于缓解疲劳。

**双盥洗盆** 这在奢华酒店是每个房间的标配，是已在客人预期中的标配，不需特别说明。在高端酒店，因为配备双盥洗盆的成本相当的高，通常是套间的浴室配备才有双盥洗盆，2人入住时必须特别说明。

**浴室有窗带进自然光和景观** 这是非常稀有的存在，必须重点介绍。清晨梳洗时，浴室窗外的一缕阳光，绝对会唤醒一天的好心情；夜晚入睡前盥洗时，望着浴室窗外的万家灯火，让城市的气息陪伴入睡，这是非常独特的感受，因为一般住家或酒店的浴室都是密闭式的。

**1个半卫浴设备** 这是大套的标配，对于2人或家庭入住非常方便，节省时间，必须介绍。而且客厅连通卧室的门关上，在加张床套间就成了2个独立的房间，挺有家的感觉，也能让带孩子的家长在劳累一天以后，有一些自己的空间。

**浴缸** 浴缸是浴室的亮点和灵魂。这十几年来，我注意到浴缸的演进史从传统的崁入式，到独立式、复古式、双人超大圆型、按摩浴缸等，还有以景观取胜的临窗观景泡池，以及阳台观景泡池，但必须称之为泡池而非浴缸，因为泡池的功能是赏景及享受，和浴缸的功能不同，而在介绍景观泡池时的景观也是价值所在。

**智能马桶** 随着科技的发明，具有杀菌、冲洗功能的智能马桶是新开业酒店的优势，但以后可能成为酒店房间的标配。特别是杀菌功能，如果酒店有智能马桶值得在介绍时一提。

浴室的设计和价值在大部分时间都会被忽略和埋没，殊不知其实也存在设计的小心思。不论是城市酒店还是度假酒店，浴室都是客人最私密和放松的体验。还记得成都的一家酒店，这家酒店大概开业十几年了，小套房的大理石浴室占了房间1/3的空间，盥洗区、淋浴间、浴缸是完全分开的，可以同时使用且互不影响，还配有超大的全身穿衣镜。这样的浴室的设计在当时是各大媒体采访的热点，很有欧洲宫廷感。但当前台接待帮我升级到小套房时，完全没有介绍浴室的特色和设计，我进到房间就嫌浴室太大，要求换房，直到前厅部经理（FOM）跟我介绍了这浴室的设计，我才愿意尝试，并确实感受到浴室的宽敞舒适和精心设计。这是五六年前的事了，这位前厅部经理也离开了，我想这精心设计的浴室的特色很可能已经无人知晓也无人在意了，特别可惜。试想一下，如果换成现在的"网红"小哥哥小姐姐，一定会挖空心思来拍照诠释这个热点浴室房间。

### 第四类：床型

床是房间的基本配备，也是除浴室以外最贴近客人的心灵感受的物件。大家的认知通常停留在大床、双床，但近几年来酒店为了迎合客人的需求及酒店多元性的发展，床型也有些变化，特别是在床的大小尺寸及床的位置朝向。

**床的尺寸**　因为床的尺寸会影响睡眠品质，特别是两位或整个家庭入住时。

（1）大床 180 cm×200 cm，也有 200 cm×200 cm，两人使用就宽敞多了，可以特别告知客人。

（2）超大床（Hollywood twin）220 cm × 200 cm，是 2 张小床合并成大床，常住酒店的客人一看就知道，由 2 张小床合并的大床就不用特别说明了。

（3）双床 120 cm × 200 cm 或 130 cm × 200 cm。

（4）大双床（Queen size）150 cm × 200 cm，一家四口，2 大 2 小很合适。

（5）超小床（Hollywood twin）220 cm × 200 cm，拆开后就是 110 cm × 200 cm，床有点小，通常都是给旅游或会议团体客人。

（6）一大床一小床：在儿童主题房或家庭房常有一大床一小床的安排。

（7）沙发床：可折叠伸展，通常应用在度假型酒店。因为酒店的地形或占地大，搬运加床特别困难，所以在房间装置沙发床以供加床需求时使用。

如果床型尺寸特殊，请务必牢记告知客人，这也是很重要的卖点。

**床的位置朝向**　包括面对的景观，床头朝向两个卖点。

（1）面向景观的梦幻卖点：上海酒店的房间床朝向黄浦江，三亚的酒店房间床朝向大海，苏州酒店房间床朝向金鸡湖，光想象一下这些画面就很舒心。

（2）床头朝向：越来越多的在中国客人的选择标准之中，特别是南方的生意人，注重风水，比如南北向的床优选坐北朝南；如果是东西向的，优选坐东朝西。不过能够记得床的朝向是高难度技能，但这对做生意的客人尤为重要。

**双床房的卖点和优势**　前台在排房时最大的困扰就是大床房超卖，特别是工作日，商务客人都要大床。这时最容易但也最浪费的解决之道，就是免费升级到任何有大床的房型，所有大床房一律"一视同仁"，行政房、小套房、大套房都成了大床房的替代品。但很多人都不知道，大部分酒店两张床房间的空间和浴室都比一张大床的房间大一些，而且因为要放两张床，格局都是非常方正的，前台如果能跟客人解释双床房的特色，有一部分客人是会接受双床房的，特别当床的尺寸是 140 cm 或 150 cm × 200 cm，也非常舒适。

我的工作职能之一就是观察酒店的房间，而我自己发掘了两张床房间的优势。尤其是在度假型酒店中，其大床房的朝向和床的位置有时都别出心裁，我不能接受，最后发觉两张床的房间，因为需要宽敞的空间放置 2 张床，所以床的朝向和位置都是四平八稳，正常设计，而且房间和浴室的空间都比大床房宽敞，所以我入住度假型酒店时会主动要求双床房。

当酒店基础大床房超卖时，同样可以推荐双床房，但必须有底气地说出双床房的优势，引起客人想要的欲望，如此一来就是主动、专业地引导和说服客人，而不再是被动的配合客人的要求。

## 小众讨喜的房型卖点

相对于主流大众的客人的需求，也有一部分客人对自己入住房间有非常执着的要求和偏好，因此一旦投其所好，对于高端房型的接受度也极高。

### 1. 房间朝向

房间朝向也是有"鄙视链"的，依次为南、东、西、北。

房间能晒到太阳、采光好对于中国客人来说非常重要。在冬季，南向的房间会更温暖。对于有生活经验的成年人和带宝宝的客人房间朝南是优选。

做生意的商务客人，特别是南方人对于房间的朝向是有讲究的，偏好坐北朝南的房间，且房间朝向江、河、喷水池，也是带财运的。

欧美客人大都体型高大，一般偏好较凉爽的房间，朝北边的房间较为合适。

很多人可能都经历过，中国客人投诉房间太冷，欧美客人投诉房间太热的情景，其实就是在安排房间时，没有把握好房间朝向对于房间温度的影响，所以对于房间朝向的了解，也是前台接待必须具有的专业产品知识之一。

**2. 房间位置**

角落房是个话题房间。

有钟爱角落房间的客人，这类客人多为经常旅行或者喜欢安静隐秘。还有一个小众群体，从事房地产或者建筑设计的客人，因为他们知道一般商业地产角落的房间会大些。

有讲究风水不住角落房的客人。

**3. 房间设计**

多数酒店的房间是统一设计的，但是也有一些房间是设计师别具匠心的独特发挥，这类房间因为是整个酒店的稀缺资源，通常是 Top Suite。

必须记得设计师的大名，房间的设计风格的独特之处，这对于购买实力强的客人而言，是独一无二的优越感、尊贵感的体现，就是这家酒店最重要的特色！名家设计就如同艺术，一般可以将人从无聊中抽离，赋予超脱性，帮助人们实现精神上的逃离！

建议酒店的朋友们可以咨询酒店的电子商务部门人员，再不然可以问问业主代表，他们一定有酒店设计的一手资料。

**4. 房间设施**

这些差异都会让房间别具一格，这样产品的差异就会促成价格的差异。

阳台与景观结合：客人在阳台上可以做的事情太多了。例如，早上喝着咖啡吹着海风，或者下午享受茶点欣赏落日，也可以晚上品酒看着夜景，惬意又美好。

飘窗与休闲结合：在飘窗休闲区看书、聊天、打游戏，别有一番趣味。

独立酒吧区与朋友聚会结合：喝着自调的鸡尾酒，三两好友把酒言欢，轻松畅快。

### 5. 房间设备

房间设备一般统一采买，如果有企业联名、IP联名提供或是酒店高价购置的独特的设备，也会提供独特的入住体验。

设计师或知名品牌联名。

健身设备，品牌及功能。

按摩椅，品牌及疗效。

水晶灯饰，品牌设计与奢华结合。

视听设备，品牌及特色。

新氧系统，品牌及功能。

智能设备应用，品牌及功能。

房间特色配合客人需求就好比女人的珠宝盒，里头有各式各样、灿烂夺目、细致迷人、名家设计的首饰、配件、珠宝，适合不同服饰、不同场合、不同季节、不同时间的搭配，所以深度解读的房间特色并不是要全部一股脑地说出来，而是要根据客人的出行目的、年纪、消费力、品味等，判断哪些房间的特色是最主要的需求而优先重点介绍，引起客人的共鸣，激活客人想要的渴望，这么一来就有底气说服客人愿意付额外的差价，尝试体验专业介绍推荐的房型。

## 二、行政楼层的魅力和实力

### 浅谈行政楼层

行政酒廊是根据西方文化所设计出的酒店服务产品，经由国际酒店集团引进中国，大部分的奢华及高端酒店都建置有行政房、行政楼层及行政酒廊。有的酒店称之为 Executive Rooms、Executive Floors、Executive Lounge，有的酒店则称之为 Club Rooms、Club Floors 及 Club Lounge；也有酒店没有行政房或行政楼层，而是任何房型都可以付费享受行政礼遇（Executive Benefits or Club Benefits），称之为 Club Access。行政酒廊可谓是这些奢华及高端酒店的灵魂之一，也是酒店房间产品展现收入实力的最佳拍档。

行政楼层的概念是"酒店中的酒店"（A hotel within a hotel），设有自己的礼宾和接待团队，行政酒廊提供专属和私人环境，客人可以在更舒适和专属的行政酒廊办理入住及退房，享受专属的礼宾和接待服务。

行政楼层大多数都设置在酒店的最高层，是居高临下的高贵身份的表征，而且高楼层的景观更为开阔。各个酒店集团的行政待遇原则上大同小异，大致上包括早餐、欢乐时光、全天咖啡茶软饮点心、熨衣、会议室、延迟退房等。

不常住酒店的人对于行政酒廊是很陌生的，我的家人及朋友就完全不知道什么是行政酒廊。就字面上的解释，不就是喝酒的地方吗，跟我们一般人不相干。甚至酒店的前台接待对于行政酒廊也是一知半解，认为那是行政酒廊的事，跟前台无关。

没错，就是这么个情形。在序言中谈到 2008 年金融危机后，向来是行政房常客的外国人因为没钱突然从行政酒廊消失了，而身为增销服务培训老师，我的任务就是带领前台接待经由增销服务推广行政房及行政待遇给广大的中国客人。于是，为了更好地推动这一产品，我潜心研究了不同类别酒店的行政房、行政待遇及中国客人的需求。在推广初期确实辛苦，前台接待必须耐心地说明，客人也是半信半疑，接受度不高，再加上行政房或行政待遇的增销差价不如套房高，不少前台接待懒得多费口舌推荐行政房或行政待遇。我可是苦口婆心，不断培训，不停鼓励，才在三四年后小有成绩，客人也逐渐提升对于行政待遇的接受度，而行政房或行政待遇也成为增销服务的明星产品。

结合我的经验，要了解行政楼层的魅力和实力，需要从三大特色入手：行政酒廊，行政待遇及行政房。

## 1. 行政酒廊（Executive Lounge or Club Lounge）

行政酒廊是行政房最有价值的硬件特色，是行政楼层客人专属和私人的环境，除了可以在更舒适和私密的行政酒廊办理入住及退房，更是客人们工作、开会、休闲、放松的绝佳场所，类似于航空公司高级别会员的贵宾室。但初期，因为行政酒廊的名称会让客人误以为是商务客人专属的地方，我在培训时就提醒前台接待要将行政酒廊解释成类似VIP Lounge或贵宾室，这样中国客人比较能接受如此的说明。

行政酒廊大都坐落于酒店的最高层，是居高临下，高贵身份的象征，而且顶层的视野开阔，城市的景观一览无遗！大家想想在寸土寸金的城市，能够在酒店被美景环绕的顶层工作、开会、休闲、放松，这场景就跟电视剧里的总裁们的日常很契合。

因此，要做好行政酒廊的增销服务，必须了解行政酒廊的以下特色：

（1）所在楼层。

（2）室内设计风格及色调，营造出白天和晚上的不同氛围。

（3）白天和晚上的不同景观。

（4）开放时间。通常是早上6点半至晚上11点，这一点必须说清楚，因为很多客人都认为自己早出晚归非常忙碌没有时间去行政酒廊，但出门前的早餐及忙碌一天后的欢乐时光，是能够配合大部分客人的行程。

行政酒廊还有一个很重要的功能，就是它如机场的航空公司会员贵宾室，是会员旅客候机转机休息放松或工作的专属场地，行政酒廊也是酒店客人早到等房间或是搭晚班机时，休闲放松的好地方。

## 2. 行政待遇

行政待遇原本是住在行政楼层客人专属的待遇，随着客人对于行政酒廊及行政待遇接受度提升，再加上行政楼层房间经常因为延迟退房而无房可用，近些年大部分酒店已开放任何房型都可单独购买行政待遇，如此一来酒店对于房间的运转就更加灵活，而且在行政酒廊可容纳人数情形下，最大化行政待遇的收入。当然，如果房间不在行政楼层，前台接待必须事先征求客人的同意，大部分的客人是不介意的。

不同酒店集团的行政待遇有些许差异，原则上包括早餐、欢乐时光、全天咖啡茶软饮点心、熨衣、会议室、延迟退房等！

**拆解行政待遇的六大卖点**

要卖好一个产品，需要先学习一下行政待遇在中国的发展历史。在前面提到过，行政待遇是西方的产物，那么中国客人又是如何慢慢接受这一产品的呢？

### 1. 早餐：不只是一份早餐

最初行政酒廊的早餐以西式为主，因为外国客人居多，2008~2010年我常常看到中国客人在行政酒廊投诉早餐没有稀饭、面条、油条，能吃啥！同为中国人，我还挺感谢这些发声的客人，因为我也吃不惯西式早餐。随着中国客人成为酒廊的主要客人群体后，早餐就改变为中西式结合，稀饭、面条、油条、馄饨几乎是必备的。

酒店主餐厅的早餐种类远比行政酒廊的早餐丰盛，很多酒店规定行政待遇的早餐必须在行政酒廊享用，如果在酒店主餐厅用早餐是必须另外付费的，在行政待遇推广初期，就经常有客人在酒店主餐厅吃早餐，退房时就是一堆投诉，为何早餐一定要在行政酒廊享用？前台没说清楚？总之就是不愿多付早餐的费用。

我挺能理解客人的感受，不就一顿早餐吗？而酒店的纠结点，通常在于行政酒廊的早餐是客房部的成本，而酒店主餐厅的早餐成本高且必须划拨给餐饮部，所以最初很多酒店坚持客人必须付费。我经常提醒酒店管理层，除了从运营及成本控制的角度决定早餐在何处享用的规定外，也必须顾及客人的感受！近年来酒店也意识到行政待遇的增销服务收入不容小觑，也就不再坚持客人必须另付主餐厅早餐的费用，而客人也渐渐熟悉行政待遇的一些规定，类似的投诉少了许多。

当然也有酒店让客人自己选择在哪用早餐，主餐厅或行政酒廊都行！这时又出现一种现象让我印象深刻，就是客人到行政酒廊看到早餐的种类不多，我就听到行政酒廊的接待急着说："您也可以到主餐厅用早餐，那里早餐种类多很丰盛！"感觉巴不得客人赶紧离开，行政酒廊的接待可以少干些活，完全忽略了向客人介绍在行政酒廊的优雅环境及景观的陪伴下，享用早餐的愉悦。这样，这些客人下次肯定不会再购买行政待遇了。

还有，酒店行政酒廊不提供早餐服务，而一律在主餐厅用早餐，这时也会有客人投诉，为何行政酒廊不提供早餐？为何要和大家一起挤在主餐厅用早餐？真的是众口难调！

早餐是行政待遇中客人的主要需求，前台接待必须很清楚地了解行政酒廊早餐和主餐厅的早餐在种类上的差别及行政酒廊专属的用餐环境，方能很专业地和客人说明。

**2. 欢乐时光：性价比之王**

欢乐时光是行政待遇的另一亮点，提供无限畅饮的酒水、小吃或简餐，让客人在一天忙碌的工作或旅行后在行政酒廊舒适的环境中边欣赏美景，边享受餐饮，放松身心！

最初中国客人不太明白欢乐时光是何方神圣？因为欢乐时光是西方酒吧文化的专用名词，大家下了班去酒吧喝一杯是西方人的生活习惯，但中国人的文化里不风行一个人喝闷酒，但晚餐对于中国人却是很重要的，所以客人到了行政酒廊就是找吃的，看看有没有主食、热菜、肉类。

在推广初期，我作为培训老师坚持不准前台接待告诉客人欢乐时光是晚餐，必须强调酒、饮料及小吃，但还是经常听到客人投诉欢乐时光没有主食，吃不饱。经过客人不断地反馈及投诉，欢乐时光的菜品渐渐丰富，中西式都有，必备主食，完全就是晚餐小自助，供不应求，客人吃得可开心！当然，红酒、啤酒也喝了不少！中国酒店行政酒廊的欢乐时光所提供的食物，很可能是全世界酒店中最丰富的，这当然是顺应中国客人的需求而做出的改变。根据我的观察，西方客人对于欢乐时光菜品的丰富，也是吃得津津有味，不过在说明欢乐时光时，还是介绍为简餐，避免称之为晚餐，毕竟和正式的晚餐是有差距的。而每个人对于晚餐的定义又不尽相同，可以大略地说明简餐的菜品种类，例如主食、热菜、肉类、汤、色拉、面包、甜点等，客人就会清楚地了解简餐的食物是否符合他的需求。

我在行政酒廊观察多年，发觉因为中西文化的不同，一般而言，中国客人偏重于吃，西方客人偏重于喝酒，有不少的西方客人浅酌几杯吃点开胃菜后，还是要去享用正式晚餐的，但大部分的中国客人就在欢乐时光吃饱喝足了！所以单就晚间简餐和酒水而言，特别是在物价较高的一线城市，行政待遇的费用挺值的，性价比也挺高。

（1）欢乐时光需要创新。

当然，各个酒店欢乐时光提供的食物菜品还是有差异的。有的酒店，还是仅提供开胃菜和点心；有的酒店因为酒廊客人不多，于是准备好欢乐时光的小吃菜单，现点现准备，节省成本减少浪费，但当酒廊高朋满座时，如此的作业方式肯定是必须调整的；有的酒店也会为欢乐时光精心设计每日特调鸡尾酒，或是每周有一天的主题之夜，也是很好的创意，可以吸引客人。

（2）欢乐时光简餐的趣闻。

趣闻一：在北京的一家酒店早期的欢乐时光提供的食物的分量是一小碟一小碟的，但客人们的胃口好，供不应求，酒廊的服务人员不停地收小碟子还要不停地补食物，实在忙不过来，后来就改为中型的盘子装食物。有一次我培训结束在酒廊用餐，但老是等不到主食，因为客人们对于主食的需求量特别大，好不容易看到厨师端来一盘主食，酒廊接待正要告诉我主食来了，却看到一位客人将一盘主食直接拿到他的桌上，我在一旁都看傻眼了，心想有这么饿吗？

等到我几个月后再去这家酒店的行政酒廊用餐时，看到的是一大锅的主食，我想这家酒店想通了，主食的食物成本并不高，客人们爱吃就多准备些吧。

此案例说明了顺应饮食文化的重要性，中国人的饮食文化中，主食是用餐的基本要素，必须充分供应。但随着养生概念的风行，未来主食及晚餐也可能不是那么重要了，饮食文化是随着时代而改变的。当然，欢乐时光提供的食物菜品也必须与时俱进，而不是一成不变的，这样才能吸引客人！

趣闻二：再说欢乐时光的酒水，早期我在培训时都会强调是无限畅饮酒水来吸引客人，但有一次在上海的酒店，看到一位西方客人每天欢乐时光都来酒廊，而且都喝得醉醺醺的，这提醒了我去思考是否因为无限畅饮酒水而成全了一些酒鬼呢。所以在培训时，我也不再强调是无限畅饮酒水来吸引客人了。

因为欢乐时光提供酒精性饮料，未成年的小孩是不允许参加欢乐时光的！但因为中国家庭旅游的风行，大部分的酒店已取消这项规定，不过还是会要求必须有大人同行未成年的小孩才能参加欢乐时光！

### 3. 全天咖啡茶点心：高效舒适的补给站

这项行政待遇乍看之下觉得很一般没什么价值，但身为行政酒廊的常客，全天咖啡茶点心，搭配行政酒廊的舒适环境及服务，可以秒杀很多咖啡厅，带给客人的好处多多。

我到达酒店后，通常都是放下行李直奔行政酒廊，坐在酒廊舒舒服服地喝一杯由服务人员递上的现磨的咖啡，瞬间缓解了搭飞机的疲累。常出差的朋友们一定有同感，如果遇到航班延误那更是苦不堪言，有的酒店的行政待遇包含下午茶，那我就更为开心，不用急着外出找吃的，酒廊就有现成的，省时省事又省钱。

接着，就是忙碌工作的开始。看电脑久了，眼睛累了或是思绪漂浮时，我就搭电梯来到行政酒廊，换个环境放松一下，顺便吃些零食点心，继续奋斗工作；有时注意力无法集中时，就会拿着电脑到 Lounge 工作，对于工作效率的提升帮助挺大的。当然外出工作回到酒店后，我也一定会到 Lounge 喝杯咖啡补充点小食，行政酒廊成为我在忙碌工作中休闲放松的补给站。

### 4. 熨衣服务：客人意想不到的好

免费熨衣的服务对于商务客人很有价值！因为酒店熨衣的收费还是挺贵的，大部分的商务客人都是自己熨衣，有了免费熨衣的服务，可以省去了自己熨衣的时间和费用，对于分秒必争的商务客人有很大的帮助。

不过当我看到度假型酒店也是提供免费熨衣服务时，我就在想：运动衫休闲服也需要熨烫吗？肯定有，但需求应该是极小的！我会建议度假型酒店可以将免费熨衣服务更换为免费水洗服务，会更加受到客人的喜爱，尤其是在潮湿的度假目的地，出了一身汗，玩了一天，谁不想在房间里"葛优躺"呢？

### 5. 会议室：以一抵百的大用处

大多数酒店行政酒廊的会议室使用率都不高，因为商务客人的会议很多都是事先安排好的，临时需要会议室的情形较少，所以，我建议预订部在接预订时，要重点推广免费使用行政酒廊会议室的行政待遇，客人才能事先安排会议地点。

近年来，因为飞机高铁的高速发展，当天预订随时暴增，商务客人的临时行程中很可能有会议室的需求，前台服务人员应该多关注当天预订的商务客人，推荐行政酒廊的会议室。当然前台服务人员必须了解可免费使用会议室几小时，如需付费时每小时的费用价格，会议室可以容纳几位客人，咖啡茶收费价格等，这些都需要与客人沟通清楚。

度假型酒店的行政酒廊除了有小型的会议室外，有的会设计亲子活动空间或儿童游乐区，更加符合休闲客人的需求。

### 6. 延迟退房：不急不赶的弹性时空

延迟退房可以到下午 3 点，酒店一般对于享有行政待遇的客人的延迟退房时间较有弹性，除非酒店出租率太高，有的酒店甚至可以弹性延长至下午四、五点。其实就像前面说的，待在行政酒廊也是类似于延迟退房啊，还有吃有喝的，挺好的。

深度了解行政待遇的演变及特色后，大家应该能够认同行政待遇带给客人的好处很多，很有价值。但在参加培训前，很多酒店的前台接待是不愿意推荐行政待遇的，因为要说明的内容太多，而且也说不清楚，增销服务奖金又不如套间。但经过培训后，大家才深入地了解行政待遇的价值，并且不是每一项行政待遇都要详细说明，而是重点说明2项最符合客人需求的行政待遇就能引起客人的购买意愿。行政待遇或行政房的增销差价确实不如套间高，增销服务奖金也相对少，但是行政待遇或行政房的增销是可以走量的，最后增销行政待遇或行政房的增销服务奖金不会比套间低，更何况增销服务是迎合客人的需求而推荐适合的房型，总不能每位客人都推荐套间吧。期待大家仔细了解行政待遇的特色，专业地推荐给适合的客人！

在多年的培训经历里，我遇过很多情形，就是前台接待从来没去过行政酒廊，更不了解行政酒廊的早餐都有什么菜品，又和主餐厅的早餐有何不同，欢乐时光提供什么酒，晚间简餐有些什么吃的，会议室最多可容纳几位客人。但这些都是前台接待必须知道的行政房或行政待遇的特色，深入了解后，前台接待会发觉行政酒廊及行政待遇是酒店的宝藏。

### 行政楼层待遇是一种生活方式

我经历过不少的酒店经理培训，以及我和酒店管理团队苦口婆心地不断鼓励后，前台服务人员极推荐行政待遇或行政房，将原本空荡荡的行政酒廊转变为宾客满堂的情景，下面和大家分享一个案例。

我在上海培训过这么一家酒店，酒店的行政楼层景观美到让我突感时间静止。奇怪的是，有着外滩及江景景观的行政酒廊竟然空荡荡，早餐或欢乐时光时段，只见稀稀疏疏的几位客人。与前台接待交流后，才了解到酒店的套间很受客人喜爱，每天增销两三间套间并不困难，而且增销套间的差价高、增销服务奖金高，大家也就懒得花费心思推荐行政房了，再加上酒店的行政房数量不多，经常没有房间可以增销，更成为大家不推荐行政房的正当理由了。

我和酒店管理团队沟通后，决定推荐行政待遇，解决没有足够的行政楼层房间可用的情况，接着加强前台一线服务人员对于行政酒廊及行政待遇的专业产品知识培训，并且苦口婆心天天叮咛鼓励，经过将近半年的努力，终于将原本空荡荡的行政酒廊转变为宾客满堂的情景。不但行政待遇的增销服务业绩大幅提升，而且也提高了套间的增销服务业绩。因为套间都包含行政待遇，以往前台接待对于行政待遇的介绍就是一句话带过，后来会重点说明行政待遇，自然提升了套间的价值，并且套间的客人去行政酒廊的人数也增多了。

　　累积多年培训经验，以及长期作为行政酒廊客人的体验，我发觉行政酒廊的环境氛围，加上行政待遇的餐饮酒水咖啡茶等，还有行政酒廊的贴心服务形成了一种生活方式（Life style），也培育了一群喜爱行政待遇的客人！但是大部分的前台一线服务人员没有体验过，也不了解行政待遇的生活方式，所以在培训前台一线服务人员时，我一定会带着参加培训的前台一线服务人员参观行政酒廊，特别是在早餐和欢乐时光的时段，他们才能感受到行政酒廊的氛围及价值所在。

　　培训后，我也会建议酒店安排前台接待在行政酒廊进行1~2天的交叉培训，这样能够更深入地了解行政待遇，并且有机会观察客人们是如何在行政酒廊享受行政待遇的，感受到行政待遇不仅仅是餐饮和酒水，而是一种生活方式，方能更好地推荐行政待遇给没有体验过的客人们。

　　经由增销服务的推广，中国客人对于行政酒廊及行政待遇的熟悉程度已经提升许多，并且随着旅游业的火爆，度假型酒店，例如三亚有行政酒廊及行政待遇的酒店已成为带孩子或老人的家庭旅游客人们的首选，也成为他们旅游时的生活方式，成为行政待遇的爱好者。

　　如何培育更多的行政酒廊及行政待遇的爱好者，除了上述的培训之外，我个人认为酒店可以多花点心思，根据客人需求的不同而调整创新行政待遇的内涵。例如，平日以商务客人，周末以休闲客人，寒暑假及国定假日以家庭客人为主等，投其所好地调整创新欢乐时光提供的食物菜品及饮品，也可以设计一些行政酒廊的主题活动，吸引不同需求的客人体验享受行政待遇。

## 三、新视野——重塑酒店房型的包装角度

作为一名新时代的酒店一线员工，深度解读房间的特色后，才具备和客人交流沟通的知识储备能力，交流时要如何将房间的特色传递给客人呢？

在参加增销服务培训前，前台接待介绍房间时的常见套话如下。

（1）套间有一室一厅，2个卫生间，空间比较大。

我就问前台接待：哪一家酒店的套间不是如此，你在介绍哪家酒店的套间啊！

（2）介绍行政待遇时，前台接待就会将行政待遇的内容背诵一遍，有的接待还懒得说，就直接将行政待遇的说明拿给客人，让客人自己看，这就算是介绍了。我就问前台接待：这样的介绍和在路边发传单的方式有何不同？有多少客人会对传单内容感兴趣？而且现在哪个店家还在发传单？

如何将房间的特色传递给客人，我的方法很简单：就是将房间的特色有画面感地描绘出来，在客人的脑海里刻印出房间特色的场景。这并不难，也不需要什么投影仪，你的语言加上客人站在酒店大堂时感受到的画面，就足矣。

我很喜欢元代马致远的《天净沙》："枯藤老树昏鸦，小桥流水人家，古道西风瘦马。夕阳西下，断肠人在天涯。"

诗人就是很有画面感地描绘出诗中的场景，将物象陈列、勾勒出来，让读者仿佛走进了夕阳西下的场景中。

根据物象陈列的方式，代入酒店房间的描述中，我来举例说明。

（1）酒店的小套房有一个温馨的客厅面对公园，午后时分当阳光照进客厅，分外温暖，绿意盎然的公园景观更添加春天的气息。

（2）酒店的江景房有着一线江景，白天看是一条波光粼粼有着历史幽情的黄浦江，晚上您就能沉醉在由灿烂辉煌万国建筑群构成的外滩景观之中。

（3）酒店的红树林景观房面对的是红树林自然景观，早上拉开床帘，映入眼底的是白鹭在红树间飞舞觅食，傍晚时分有机会看到一道彩虹。

（4）行政酒廊在酒店的最高层。20层是欣赏广州地标小蛮腰及珠江景观的绝佳地点，特别是欢乐时光时段的夜景更加迷人。

当然，前台如果有平板银幕可以直接展示酒店房间照片或视频能锦上添花，但前台服务人员必须加上对于房间特色的语言描绘，效果会更好。

酒店前台可以举办房间特色描绘竞赛，尤其是有新员工或实习生加入时，可以不断地以新视角发觉欣赏房间的特色。分享优秀的作品，能更加专业、全面地将房间的特色场景描绘传递给客人。更重要的是，它们就是酒店的宝藏，必须心中有爱地去描绘它，爱你工作的酒店的房间特色，才能很开心地分享给客人。

笔者特别制作了相关的表格清单，请参考附录二和附录三。

# 下 篇

# 包学会增销服务

第四章　客人的旅行故事

第五章　90%的员工其实不懂沟通

第六章　传递增销服务的新体验

第七章　前台增销服务管理体系的搭建

第八章　得到

# 第四章 客人的旅行故事

## 一、参与客人的旅行故事

### 旅行故事背后的意义

> We tend to think of customer as average customer in a uniform and very simplistic way, neglecting the segment that have potential to trade up.(摘录自 *Trading Up: The New American Luxury*)
>
> 这段话很清楚地点出,我们倾向于以统一并简单的方式将顾客归类,而忽略了具有不同需求及消费潜力的顾客。

回想我们自己、朋友、客人、家人入住酒店的缘由,背后都有故事,而每次入住酒店的心情状态也截然不同。

就拿我来说吧,在过去的10余年,我经常出差住酒店,被酒店归类为商务客人中的一位,但我每次出差和入住酒店的心情状态,对酒店服务的期待都有所不同,我的旅行故事因为酒店服务人员的参与而更加精彩,分享几个我的日常小故事,来看看旅行故事背后的意义对我的重要性。

> **第一次入住酒店**
>
> 我经常接洽新的客户,于是我有了很多次的"第一次入住"酒店的经验。走在大堂时,我总是充满好奇地东张西望,办理入住时也会对早餐、餐厅、健身房的信息感兴趣,接待不说,我也会主动问。如果是饭点,我一定会问酒店周边有什么好吃的,虽然手机上可以搜寻

到很多信息，但我更相信当地人的推荐！

但我却总遇到和我热情格格不入的前台接待，前台接待毫无感情地背诵酒店的设备设施，周边餐饮的信息也就随便说说或是答不上来，请我去问礼宾，敷衍了事，完全对于我的旅行故事不感兴趣，因为这一切跟他/她无关，我只是前台接待办理入住的一个预订号。

偶尔，也会遇到前台接待专业地介绍我感兴趣的酒店设备设施，并热心地推荐酒店的餐厅或周边的小吃，接待的专业知识完善了我的旅行故事，我也会用微笑及言语感谢他的服务，并且会忍不住和他/她多聊几句，我们之间有着以助人为快乐之本的愉快交流，我的旅行故事也因此而丰满。

**旅行故事背后的意义**：前台接待每天都会接待许多第一次入住酒店的客人，回想一下，你有提供服务及信息帮助丰富客人的旅行故事吗？你有因此熟识了许多客人吗？

## 酒店的常客

我也有多次入住同一家酒店的经历，酒店的设备设施都大致了解了，我就会直奔前台办理入住。到了前台，我的期待是有人认得我，说一声："Michelle 老师，欢迎回来。"让我有回家的温馨感。但经常事与愿违，放眼一望都是新面孔，心都凉了。有时因为工作压力大，到了酒店马上就要开会，这时的我超级没耐心，嘴里说着赶时间，手上拿着笔急着在入住登记单上签名拿房卡。这时的接待说一句："您赶时间，我赶紧帮您办理入住，行李马上帮您送！"我的情绪瞬间得到安抚，冷静许多。

但也有前台接待不知察言观色，加快动作办理入住，而且一言不发，我的脸色就不好看了，而且情绪更加急躁，忍不住会说：可以快点吗？怎么这么慢？

**旅行故事背后的意义**：作为前台接待的你能叫得出多少回头客的姓名？接待极其忙碌的商务客人，你是否有同理心安抚客人急躁的情绪？如果你经常被客人催快点快点，很可能是你没观察入微，抢先一步安抚客人急躁的情绪。

## 航班延误后的感动

经常出差的商务客人，对于航班延误早就习以为常，但遇到航班延误到深夜那就很痛苦了！我记得有一次因为雷暴雨，航班到达三亚将近凌晨了，我到达酒店时已经累得说不出话，这时前台接待说了几句贴心的话："这么晚了，您一定很累了，我尽快帮您办理入住，房间也安排在离大堂很近！您可以早点休息！"听了这一番暖心的话，我心里舒服多了，终于有人了解我这一天的辛劳和此刻的疲累。

**旅行故事背后的意义**：不情愿上夜班的你，曾经注意过站在你面前满眼血丝拖着疲累身躯的客人吗？下次试试表达你的真心关怀！当客人露出微笑感谢你，并且说一句："上夜班，你也辛苦了。"这个夜班上起来就带劲多了。

## 主动购买行政待遇

有一次去香港开会住在机场酒店，公司同事一起预订了十几间房间，也算是个小型商务团。办理入住时，前台接待动作迅速，话也很少。进到房间打开电脑，我就开始工作了，但到了接近晚餐时间，我才想到晚餐要去哪里吃呢？我还有工作没做完，时间宝贵，打开客房餐饮菜单没啥吃的，价钱又特贵，我又不愿意花时间去外面找吃的，这时我就想到酒店的行政酒廊有欢乐时光，既方便又省时。打电话问了前台行政待遇的价钱，虽超出公司差旅费一些，但想到可以节省时间，我就加了行政待遇，不仅晚餐解决了，而且工作累了也可以去酒廊喝杯咖啡。第二天下午因为临时有个电话会议，行政酒廊免费使用会议室2小时的福利也正好用上，简直太完美了。但重点是，选择行政待遇是我自发的决定，前台接待完全没有向我推荐行政待遇，因为我们之间除了标准的入住程序，没有任何交流，我这趟出差的旅行故事他无从得知也不想了解，在这位接待眼里我只是商务团的一员，快速办好入住手续，按下"check in"键就完事了！

**旅行故事背后的意义**：对于下午办理入住的客人，你会关心客人的晚餐安排进而介绍酒店或周边的餐厅小吃吗？尤其是对于忙到昏天暗地，还干不完工作的商务客人而言，酒店的行政待遇也是很好的增销服务建议。此外，特别是当酒店地处郊区周边没有商场餐厅时，我们更应该主动提醒客人，并介绍酒店餐厅及推荐行政待遇的增销服务。

## 我和家人的度假时光

我也会因为度假而住酒店，通常都是和家人一起去旅游，因为没有出差的工作压力，办理入住时我总是一派轻松，愿意和前台接待多聊聊，也会考虑让家人住得好一点。记得是在苏州金鸡湖畔的酒店，前台接待跟我交流后知道我的家人是第一次来苏州，就很热心地介绍了酒店附近的景点，接着问我晚上有何安排，我说："就在酒店休息吧！今天旅行了一天，有点累了。"这时接待就发挥了他的同理心，深表理解，并为我们安排同楼层邻近的房间，互相照顾方便些。接着他就灵机一动，问我是否考虑加行政待遇，晚上可以在行政酒廊喝喝酒，吃点小吃，放松一下，挺好的。而且我们一个房间住2位，而2位的费用是有优惠的！我当然毫不犹豫地立马接受他的建议，因为这次旅游就是要让家人享受放松的！事隔多年，我还能记得我们一家人

> 在行政酒廊喝着红酒，吃着小吃，聊天的快乐情景，很美好！
>
> **旅行故事背后的意义**：主动关心客人的旅游规划，提供增销服务，推荐适合一家人聚会聊天的行政酒廊并享受欢乐时光，客人的旅行故事会因为你的参与而更加美好。

## 参与客人的旅行故事是一种工作方式

我是一个生活简单朴素的人，入住酒店的旅行故事，会随着心情和角色的变化各有不同，也多得说不完。我曾经一年有2/3的时间都在各个不同的酒店入住，我经常在想，千千万入住酒店的旅行故事，会是多么得精彩？当然，我们不可能深入了解每位客人旅行故事的细节，但每天可以接待来自四面八方，不同年龄、不同籍贯、不同国籍、不同职业、不同出行目的、不同出行同伴、不同心情状态的客人，又经由这些客人们带我们走入五光十色的大千世界，分享他们的故事，是多么美好的事情。

以前我在讲课的时候，会把客人分类，比如休闲的客人、商务的客人。后来想想，因为这么机械化地分类，客人变成了数字和列别，酒店接待哪里还有心情去参与客人的旅行故事呢？换个角度思考，考虑着每位客人背后的旅行故事，酒店的产品和服务便能帮助客人此次的旅途更顺利，度假更放松更享受，并让客人留下美好的回忆。更重要的是，身为酒店的接待人员，应把握与客人这难得的缘分，贡献一己之力，参与完成客人的旅行故事。你的微笑，一句关心的话，真诚的赞美，房间的安排，房型或餐厅的推荐，坚持每天忙碌的接待工作里的一颗热忱服务的心，大部分的客人都会以微笑、感谢、赞美回报你，这就是幸福服务的来源。酒店的工作，早出晚归，倒班，非常辛苦，但当穿上工服站在大堂和一位位熟识的客人聊天，或是和新认识的客人交流时，能感受无比的快乐，所有的辛苦都值得了。

## 二、了解客人旅行故事中的"人物背景"

### "预订号"不是客人故事的开端

我的课堂里,经常会对同学们提出四个问题:

(1)记得前天、昨天,甚至今天办理入住或退房的客人的姓名、相貌吗?

(2)对于前台服务人员而言,客人就只是代表今天的工作量吗?多少间入住,多少间退房?

(3)前台只求效率,是否忽略了服务的本质是服务人员与客人间的真诚交流?

(4)社交媒体的大数据分析对于用户瞭若指掌,但我们对于住店的客人,除了预订号、房号,我们了解多少?

对于这些提问,绝大部分的同学脑子都是一片空白,只记得昨天忙不忙,有多少客人入住,有多少客人退房。如果哪个幸运的客人被记住了,通常都是投诉的客人或是VIP客人,因为在交班时互相之间提醒注意这些重要客人。但这些客人,只占每天到店、住店、退房客人中极小部分,那其他占大多数的客人呢?他们就是没名没姓没脸的一群预订号吗?

我曾经还惊叹过,发现除了宾客关系服务人员(Guest Relations Officer,GRO)会特别关注VIP客人的预订,前台主管因排房需要必须大略地了解预订外,前台接待几乎都不预先看一遍到店客人的预订。他们往往认为,等客人到面前再去找预订记录不就行了吗?没人认为这是提高服务品质极其重要的突破口。到店客人就是前台工作的全部,从预订、入住,到退房,前台的工作都是围绕着到店的客人进行,每一位员工都可能有机会帮客人办理入住,退房或服务到客人。对于到店客人没有基本的了解,又如何能提供个性化的服务,更别谈增销服务了。

回顾我个人酒店工作的热情,都是在与客人互动中激发的,我的第一份酒店工作是法国餐厅的领台，也是住店客人的早餐餐厅，从那时起，我就会特别关注住店客人的名单，努力记住客人的名字、房号、相貌、早餐的喜好，让他们来吃早餐时感受到亲切温暖，而我也因此经常得到许多客人的赞美。虽然每天天不亮就要起床上早班，但我从不觉得辛苦，因为客人的笑容、赞美，源源不绝地在我的心中洒入阳光。在酒店工作将近20年的时间里，我一直保持着这个好习惯，因为我深深体会到客人的认可是我在酒店工作能量的源泉。

在我培训的这些年，我常常看着酒店早餐的一线服务人员而回想到当时的我及客人，倍感温馨。同时，也想着这些服务早餐的一线人员，是否有着和我当年一样的感受？这些年轻的酒店一线服务人员是否对酒店工作怀抱着热情与梦想？

因此，预读到店客人的预订，了解客人旅行故事的人物背景，个性化地与客人交流，专业地参与并丰富客人的旅行故事是提供品质服务很重要的基石。

## 塑造"人物背景"三部曲

### 第一步：关注关键信息

**1. 主角的姓名**

第一步获取信息的渠道，就是客人的预订信息以及证件信息。称呼客人的姓氏是最基本的礼貌与尊重！但大部分人都是以先生女士称呼客人，心想反正我们跟这些客人也不认识，就办理个入住或退房，有必要称呼客人的姓氏吗？这种心态拉远了我们和客人的距离，绝对是提供个性化服务的绊脚石。在我的培训课堂里，一堂课通常有十几位同学，我都会努力地记住每位同学的名字和相貌，因为只要我一不小心叫错名字，同学会马上不悦地纠正我，将心比心，我们在办理入住或退房时不称呼客人的姓氏，客人心里是何感受？

因此，在预读到店客人的预订时，首先要熟悉预订客人的姓名，在办理入住时会很自然地投射出对于客人姓名的熟悉感，让客人感受到我们已经准备好欢迎他/她的到来。近年，大量涌入的当天预订，有时会来不及预读预订，但只要我们有心，随时关注当天预订的客人姓名应该是做得到的。

我和大家分享一个我的神奇经验。我在做前厅部经理（FOM）的期间，经常站在前台观察大家的服务，同时一遍又一遍地预读当天到店的报表。很神奇的是当我读到某位客人的预订时，他就正好来到前台办理入住，而且这种情形经常发生。我当时就想，这是我和客人有心灵感应吗？后来想想很可能是我看预订的次数太多了，所以正好遇到客人办理入住的概率也就高很多了！你们也可以试试，很神奇。

### 2. 主角的年龄

办理入住时，快速地看一眼客人证件上的年龄，大概了解客人属于那个年龄层，我们才能投其所好和客人交流。但年龄对于成年人是比较敏感的信息，我们必须有技巧的运用，不能让客人感受到我们在偷窥他们证件上的个人信息。

**案例分享**

（1）记得有几次办理入住时，前台接待看着我的证件，赞美我说："您看起来比实际年龄年轻好多！保养得特别好！"我听了当然是开心极了！大家知道的，人过中年后就特别爱听别人夸自己年轻。

（2）在前台工作时，我会特别在管理系统（PMS）的客人记录里输入同行小孩的年龄和名字，几年后当他们再度入住酒店时，我不但能叫出小朋友的名字还能准确地说出年龄，客人都非常赞叹我的记忆力，其实我就是花几分钟时间在客史上记录清楚，但带给客人的感受是无比的温馨，何乐而不为呢？

### 3. 主角的籍贯（城市）

办理入住时，瞄一眼客人证件上的籍贯城市是与客人交流的很好的切入点，我们可以小聊一下客人的家乡，也可以在交流时感受到中国各省份城市不同的人文气息!

就如同我在培训时会请同学们在上课的名牌上写清楚自己的家乡,哪一省哪一县市,并写上当地的特产、景点或文化,直接从本地人那得到的资讯,对许多的城市有第一手的了解,因为特别真实有趣。

如果你在外地酒店工作,办理入住时遇到老乡,肯定是倍感亲切的。

**4. 主角的国籍**

作为前台服务人员,我们有机会接待来自世界各地的客人,这是多么值得珍惜的缘分,我们当然要关注客人的国籍,赞美一下客人的国家,真诚地表达我们对于外宾的欢迎。

以上所列出的姓名、年龄、籍贯、国籍,是我们主动参与客人旅行故事的基本人物背景信息,也是我们与客人个性化交流的着力点。

**第二步:判断客人出行目的**

住店客人的出行目的原则上分为两大类——商务或休闲,了解客人的出行目的是参与客人旅行故事很重要的一环,不同的出行目的有着截然不同的需求,对于酒店产品及服务的期待也不相同。

如何判断客人的出行目的?

预订信息及观察很重要。一般而言,商务客人:大部分是1位出行,平日入住,穿着正式或休闲,公司协议价,官网或OTA预订。而休闲客人:多为2位或2位以上同行,穿着休闲,OTA预订居多。

如何确认客人的出行目的呢?

合理地跟客人提问很重要。当我们根据以上信息合理判断客人的出行目的后,可以尝试提问。例如:"请问您是来工作的?或是您是来旅游的?"目的是确认你判断正确而确定客人住店的需求,我们才能投其所好地参与客人的旅行故事。

每天OTA网络预订这么多,客人大部分都穿着休闲,包括商务客人;也有2位同事同行出差或1人独自旅游等。如果你真的看不出来客人的出行目的,你可以问一句:"您是来工作还是旅游的?"大部分的客人会回应的,重点是用心观察客人后再提问。

> **案例分享**
>
> 我经常听到前台接待制式地问每位办理入住的客人:"请问您是来工作还是旅游的?"完全无视站在眼前的客人穿着工服,又是经由公司的预订而来,明明就是商务客人,为何还会不经思考地提出这个问题?客人应该很明显地感受到前台接待的不用心,这样目中无人的交流,不说也罢。

曾经有一位实习生告诉我,她习惯制式地问客人是来工作还是旅游,客人冷冷地回了她一句:"关你什么事!"从此之后她再也不敢如此僵硬地与客人交流了!

我特别喜欢的一句英文提问:May I know what brings you to XXX city?这是个开放式问句,客人回答时可能会提供更多的信息,例如我来这开会,我来这看朋友,我在这有一个项目,我来参加喜宴,我来这看房子,等等!有趣多了!但至今尚未想到类似的中文问句,最贴近的问句是:什么风把你吹来的啊!大家可以动动脑想一想,如何更加人性地表达这句开场白。

客人回应我们确认出行目的的提问后,我们必须顺着这个话题小聊几句,多了解客人的旅行计划,才能更好地参与客人的旅行故事!

### 第三步:分类客人的旅行故事

**1. 首次来这个城市的客人**

首次来这个城市的客人,需要酒店服务人员提供更多的酒店及周边的资讯,我们应该主动地确认客人是否第一次来这个城市!

**（1）如何识别这类客人。**

我在培训时了解到，大部分的前台接待都会很直接地问："您第一次来XXX吗？"而客人的回应则是：

①大部分客人回应说："来过，但是很久以前。"

这表示他很可能是第一次来，但不愿意一下就被识破，显得自己没见识。

②也有不少客人说："不是，我常来。"

那我们不就会顿时尴尬地接不上话了吗？

③只有少数的客人会说："我是第一次来。"

所以比较聪明的问法是：

您常来XXX吗？或是您来过XXX吗？

①当客人说："是的，我常来。"或是说："来过！"那你就问对了！

②对于第一次来的客人，这时反而会直接说没来过，表明这是第一次。因为你这么问，让他觉得他看起来像是见过世面的人，所以直接承认自己是第一次来，完全没有面子问题了！

---

**案例分享**

我常去北京培训，北京酒店都会请机场接待到登机门来接待有预订酒店专车的客人，但机场的接待大部分都是实习生，他们接到我后的第一句话几乎都是：您第一次来北京吗？我心里想，我都来北京几十次了，你看不出来吗？我看起来就像是第一次来北京的吗？如果那天我工作压力大心情不好，这一路到上车我都没有好脸色，但如果机场接待问：您常来北京吗？我的态度就完全不同了，因为终于有人看懂我了。接着就会小聊几句，交流的氛围融洽多了！不过事后想一想，没人教这些实习生，他们又怎么会懂这些呢？

（2）如何与首次来这个城市的客人交流。

首次来这个城市的客人，通常对于酒店周边旅游的信息，也就是吃喝玩乐的信息感兴趣。我们作为前台接待的当然要尽地主之谊，主动参与客人的旅行故事，提供客人需要的信息。不过我们毕竟不是酒店礼宾，当客人需要更详尽的信息或前台很忙的时候，我们就要礼貌地请客人办理入住后去礼宾部询问了！

首次来这个城市的客人，当然也是首次入住我们酒店，对于酒店的房型不熟悉，前台接待应该积极参与客人的旅行故事，经由交流推荐符合客人需求的房型，创造美好的住宿体验。

**案例分享**

我印象特别深的是一位上海奢华酒店的增销高手（Top Upseller），因为她是从农村到上海来工作，所以她对于从二、三线城市第一次来上海的客人特别有耐心，也特别真诚，再忙再累，我都看着她非常有耐心地和客人交流，特别是逢年过节，有大量从外地来的旅游客人时，她的笑容和耐心依旧。这也成就了她亮丽的增销服务成绩！

### 2. 经常来这个城市的客人

这类的客人见多识广，我们交流时就尽量让客人说说他/她对城市的了解或是他/她的旅游经验，因为他/她可能比你还了解这个城市，而且他/她去过的地方肯定比你多。接待有丰富旅游经历的客人，我们就要认真聆听，可以从客人那学习到很多旅游的信息！

我们每天接待的客人卧虎藏龙，我的很多知识及见闻都是和客人交流时得到的，这就是在工作中学习。

如果遇见经常来这个城市的客人，但是首次入住我们酒店，对于酒店的房型并不熟悉，前台接待仍应积极参与客人的旅行故事，聆听客人的旅游经验及对于房型的喜好来推荐酒店的特色房型，创造独特的住宿体验！

> **案例分享**
>
> 在三亚的酒店，有专门为别墅客人办理入住的接待场所，一位女性的客人和她的家人在三亚某酒店办理入住时，听见她说从三亚开放旅游后，她每年都来三亚好几趟，她的朋友说都没见她的皮肤变白过。接着她就开始描述三亚各个酒店的优缺点，经常在三亚酒店培训的我也听得津津有味。我相信有很多在三亚酒店工作的前台接待都比不上这位客人对于三亚酒店的了解。

最后要提醒大家，不论是第一次入住酒店的客人还是回头客，我们都可以经由预订信息或客史，得知客人对于房间的喜好。例如，要求大床、高楼层、好景观、远离电梯等，经由客人对于房间的喜好，我们可以安排符合需求的房型，完善客人的旅行故事！

在办理入住时一定要将客人对于房间的喜好说出来，"说出来"和"默默地"办理区别很大，经由预订信息或客史得知的客人对于房间的喜好，"说出来"可以让客人感受到被关注。认真阅读客人历史记录，了解他住宿酒店的要求和喜好，提供个性化服务，是与客人建立良好关系的开端。

### 激活客人需求：与同行人之间的关系

观察并聆听客人与同行之人的互动及交谈，我们不难猜出他们的关系，并能和客人们进行符合时宜的交流。但在不确定关系之前，我们不能随口说出同行人的关系。例如，经常有些热情过头的前台接待，会脱口而出"您和太太"或是"您和朋友"等，如果是太太，你说成朋友，作为太太可能会想先生是否曾经和女性朋友出游；如果是朋友，你说成太太，会造成客人彼此间的尴尬。

通常情形下，如果是夫妻、家人、领导或同事，客人会很自然地说出彼此的关系，没说的八成以上都是朋友。了解了客人和同行之人的关系，交流时才不会说错话。

以下是常见的同行之人间的关系：

（1）与女（男）朋友同行（认识多年或热恋中）。

（2）与新婚妻子（丈夫）蜜月之行。

（3）与妻子（丈夫）同行。

（4）与妻子（丈夫）及儿女同行。

（5）与父母同行。

（6）与岳父母（公婆）同行。

（7）与年幼儿女同行。

（8）与家人同行（兄弟姊妹）。

（9）与朋友（闺蜜）、同学同行。

（10）与领导同行。

（11）与同事同行。

在办理入住时，确定同行人的关系，有两点非常重要。第一，经由观察交流了解同行之人间的关系；第二，洞察谁是这次出行的主角。唯有清晰洞察这两点，才能体会客人因为同行之人的改变，相应的心境及对于房型的需求的改变。

我在本章开头时，述说了我个人的旅行故事，我出差住酒店和与家人度假住酒店时的心境及对于房型的需求完全不同！大家再想想，由情侣、夫妻，到为人父母，人生角色的转换，也会大大地影响住酒店时的心境和需求。酒店一线服务人员，必须关注同行人之间的关系，才能更好地参与客人的旅行故事，并且提供符合需求的增销服务，完善并丰富客人的旅行故事！

人都是情绪的动物，我们都会受到心情状态的影响，尤其是出门在外，难免路上会遇到一些状况，堵车、航班延误、天气变化，或是身体不舒服，都有可能发生；当然也有很开心的时刻，例如庆祝生日、庆祝结婚周年、同学聚会等，这些都会影响客人在办理入住时的心情！

作为前台接待的我们有感受到客人不同的心情状态，而表达关心吗？大家可能要说我们也是人啊，我们也有心情状态的变化，我不可能在自己心情不好的时候还要关心客人的心情状态。这是人之常情，但大家想想就是因为接待的服务专业，使得我们愿意发挥同理心去关心站在我们面前的客人，当你的专业服务精神超越了自我的感受时，只要穿上工服，来到自己的工作岗位接待客人时，你会很自然地忘记了自己烦心的事，因为接待的关注点都在客人。我非常着迷于酒店工作的就是因为这一点，我只要穿上工服，开始工作后就处于亢奋的状态，因为客人的事情忙不完，没有时间心情不好！我常笑自己是穿上工服就忘了回家的酒店人。

经由观察或交流所了解到的客人的出行目的，比如首次或经常来这个城市，房间的喜好，与同行之人的关系，以及心情状态，都是关键的人物背景信息，也是更好地参与并丰富客人的旅行故事的关键。

### 客人的小费

我有个经典的亲身经历和大家分享。

那是我在美国四季酒店工作时，有几位客人一起来到前台，我办理入住的速度比较快，我就示意同事这一群客人我一人负责就可以了。我看到这几位美国客人心情特别好，又听到他们在聊今天赌马是大赢特赢的一天，我就忍不住推荐他们住酒店的湖景大套。这几位客人二话不说，立马接受我的建议，而且还从夹满百元大钞的钱夹子中拿出一张给我，叫我也去赌马，我开心极了！我忙完后冲进前台办公室告诉我的前厅部经理（FOM）！他也觉得我的运气特别好。事隔多年回想起来，还是很感恩前台的工作经历给我带来的回忆和成长。

## 三、洞悉时代特征下客人的消费力

2008年世界金融危机对于酒店客源来说,是个重要的分水岭。中国客人的消费能力就是在金融危机后逐步展现,12年后的2020年,中国全面脱贫,继续朝着国家共同富裕的目标推进,中产阶级消费人群在12年里飞速成长,推动内循环,加大中国客人消费力的持续增长是趋势。因此,不同的时代背景,造就了客人们不同的消费力,财力是消费力很重要的衡量标志,但更多影响消费力的是一个人消费风格或心理状态。

结合多年走南闯北的培训经历,我把客人的消费力按照年龄、地域、与同行人的关系等类别进行了分类索引。

**南北方客人消费风格的差异**

中国幅员辽阔,受到历史文化的影响,南北方人的消费风格确实有不同的风貌。

南方人做生意的居多,因此在增销服务的过程中,更加关注价格,就像在谈一笔生意。

北方人重视关系,更爱面子,不拘小节,在增销服务的过程中,更加关注交流时的感觉。如果感觉特有面子,感觉到位了,钱不是重点。

我曾经看过一个段子,说到南北方人的特征和我观察到的消费风格挺类似的:

南方人爱搞经济,北方人爱搞关系;

南方人爱当老板,北方人爱当官;

南方人喝茶谈生意,北方人喝酒谈人生;

南方人爱里子,北方人爱面子。

### 案例分享

（1）2008~2010年，做酒店的都知道山西煤老板出手大方，入住酒店都是给现金的，我就见过山西煤老板包了酒店一整层楼加上总套，都是用一袋一袋的现金付房费的。前台接待如果运气好遇上山西煤老板，那必定是增销套间的。随着国家对山西煤矿企业的改革，早期的山西煤老板也不如从前那般风光了。

（2）近几年，每逢节假日都有大量的江浙人涌入上海及周边景点酒店，其中浙江人是最有消费力的，浙江人做生意的个体户居多，特别是经商高手名扬四海的温州人，花钱是极爽快的。我记得在杭州酒店培训时，经常听到前台以"总"字辈称呼客人，因为都是公司的老板。

（3）在上海酒店实习的北京小姑娘，看客人的证件听客人的口音是北京人，她会高兴地告诉客人她也是北京人，能在上海接待来自北京的客人感觉特别亲切！正巧客人是来谈生意见客户，小姑娘就推荐套间，客人毫不犹豫地接受，还询问是否有更贵的套间。这就是北方人的个性！在老乡面前尤其又是个小姑娘，出手必须大气。

（4）在西安的某奢华酒店，前台接待推荐套间，客人说不需要，一张大床房就行，但当客人看到后面排队的客人不耐烦地催前台姑娘动作快点时，忍不住行侠仗义，居然自愿多付1000多元差价，让接待将房间升级至套间，只因看不惯后面排队的客人欺负前台姑娘的粗鲁行为，于是这位客人故意让后面的那位客人再多等一会，彰显了西安人的英雄气概。这位前台姑娘突然顿悟，也了解了客人的消费实力和自己想象的完全不同。

所以，我们要关注客人证件上的籍贯，才能够投其所好的与来自不同地方的客人交流，并推荐符合客人消费力的酒店产品或服务。

### 客人的年龄与消费力的关联

中国的年轻一代（1980年之后出生）是第一批自然地接受了消费主义的一代人，他们出生于中国现代经济的发展期，他们的父辈经历过很艰难的时期，又时逢改革开放的热潮，创造了很多财富，父辈对自己可以很节俭，但是对于自己的下一辈寄予厚望。中国的经济史也可以由这种代际演化来概括：老一代吃苦，年轻一代吃火锅。一个孩子承载了两代人的财富、爱、关注和梦想，这是中国年轻人拥有超越其他国家同龄人的市场影响力的重要原因。（摘要于《看懂全球语境下的"中国年轻人"，有4个关键词》，载《哈佛商业评论》，2021年6月17日）

大致而言，越年轻的客人越愿意花钱。因为他们年轻而且成长于消费主义时代，花钱消费是再自然不过的事，年轻人以后赚钱的日子多着呢！他们有着钱花了再赚，先享受再说的心态。年轻的客人有花钱的意愿，但消费力还是因人而异，必须综合本节的特征考量。

老年人就不同了，因为在贫穷的环境中长大，节约惯了，舍不得花钱。经常听前台接待说：儿子女儿要多付钱升级套间，但就是不能让老人知道这是需要增加费用的，或是编了个便宜的价钱，否则老人会不高兴的。但近几年（2020年前后），进入退休年龄的老人却大不同了，因为他们搭上经济改革的列车，在中年时期赚了些钱，退休后是他们享受生活的时期，所以有的老人很愿意且有实力花钱的。

倒是携家带眷的中年人，因为生活负担重，舍不得为自己花钱，但为了孩子家人，还是会愿意花钱给他们最好的！

### 客人着装隐藏的消费力

客人的着装是识别消费力的重要标识，但前提是你得识货，如果客人戴着上百万元的名表，拎着限量版的包，都没被你看出来，那就难办了。因此，多学习和阅读,才能让知识赋能,让这些时尚资讯转化成知识力量,成为跟客人熟络的谈资。

> **案例分享**
>
> 台北的一家高端酒店,前台夜班接待在疯狂安排一群晚班机同时到店的客人入住之后,几乎累瘫在前台。这时,走来一位年轻小伙子办理入住,接待正要按照预订安排豪华房时,站在一旁的大副碰了碰他,示意观察客人手上的名表,接待瞬间明白了,接着和客人小聊几句,很轻松地推荐了景观大套!

但也不是所有穿戴名牌的人就有很高的消费力,我们也常见全身都是名牌的客人,特别是女性,不愿意多花钱,很可能她舍得买名牌但在其他方面却很省。

### 气场以及谈吐所暗示的身份地位

企业的"董"(董事长)字辈、"总"(总经理)字辈的客人,仔细观察他们,走路时必定抬头挺胸、不匆不忙,周围总有一到两名随行人员;说话语调不急不慢、音量适中,有时略为大声,因为当老板久了,习惯了每个人都是他的属下。当然,有些大老板是比较低调的,但只要你用心观察,是可以由气场及说话语调感受到客人的身份地位。而这些客人有多少是隐身在我们每天接待的客人之中,他们所预订的房型符合他们的身份地位或财力吗?

### 与同行之人的关系所暗示的消费力

上一小节总结了常见的同行人间的关系,洞察到谁是这次出行的主角,谁负责买单,才能更好地服务好客人和同行人。

## 预订渠道与消费力的关联

### 1. 协议价预订

经由协议价预订的客人绝大部分是商务出差的白领打工人,因为有差旅费报销额度限制,能够在酒店消费的金额有限,大家可以关注一下协议价预订客人退房时的账单,几乎都只有房价,偶尔有餐饮、洗衣消费。这类客人并非消费不起,而是商务出差公司不付超出报销额度的部分,极少的商务客人愿意自掏腰包付钱的!

当然,也有几个例外情形:

(1)协议价公司的差旅费限额宽松,通常是我们没听过的中小型公司。

(2)商务出差的客人在公司职位高,有的是老板,差旅费限额宽松或无上限。

(3)经由协议价预订,但实际出行目的是休闲度假。

### 2. 官网预订

通过这个渠道预订的,大部分是集团的酒店会员,官网预订可享受优惠,高级别会员可以享受免费升级权益及各种礼遇。因此,我们需要关注的是通过这个渠道预订的基础会员,配合客人其他时代特征而判断其消费力。

### 3. OTA

OTA预订占酒店的每日预订量大约30%及以上,手机预订已经是大趋势和生活习惯,而且各大平台有各种优惠,经由OTA预订的客人不仅包括散客,也包括了协议价的客人,我们也必须配合客人其他时代特征而判断其消费力,不能将OTA预订的客人一律当成散客对待。

## 旺季和淡季客人消费力的差异

(1)旺季的客人。原则上是没时间,所以必须得在房价高的日子旅游或出差。

（2）淡季的客人。大部分是有时间，但没钱或是消费风格注重性价比，所以选择淡季出游捡便宜。

在旺季时，酒店的高级别房型几乎是用抢的，价钱不是问题，只要有房间，但通常是一房难求，前台接待要做的就是有效的控房帮客人抢房间。而在淡季时，就完全相反，大把大把的高级别房型空着，前台接待这时就要以淡季差价的性价比来说服客人，以较低的差价获得高级别房型的体验。

**测试价格的敏感度**

综合以上几点，还是看不准客人的消费力，那我的策略是建议大家可以给出一个价格试探一下。

（1）推荐酒店的餐厅，看看客人的反应。

有的客人会立马问有啥餐厅。暗示钱不是问题。

有的客人就听听，不做回应或回答吃过了，或询问附近是否有小吃。暗示可能认为酒店餐厅较贵不感兴趣，对价钱较敏感。

（2）推荐酒店高收费的娱乐设施，例如 Spa、游艇、骑马等高单价的服务。如果客人感兴趣，暗示有消费潜力。

以上所分享的客人的时代特征需要综合观察，毕竟每个人的消费风格不是由单一因素就能形成的。作为前台接待，如果要专业得体地接待不同消费风格的客人，并恰如其分地参与客人的旅行故事（包括提供增销服务），也需要自我提升生活品味，并仔细观察形形色色的客人，多和客人攀谈，也是增广见闻的好方法之一。

# 四、实用工具：链接客人旅行故事和房型需求

了解客人旅行故事中的人物背景及时代特征后，大家应该感受到形形色色的住店客人对于酒店产品及服务有着不同的潜在需求。为何说是潜在需求呢？因为大部分人们认为住酒店的刚需就是房间和床，所以预订基础房型居多，对

于能够满足潜在需求的酒店房型特色及各项服务关注不多。实际上，酒店的客人并不完全知道自己需要什么，因此前台接待，必须主动了解客人旅行故事中的人物背景及时代特征，识别客人旅行故事中的潜在需求，进而链接酒店房型特色，推荐能够丰富完善客人旅行故事的房型！

我将第三章"重塑酒店房间的资产价值"中列举的酒店房型特色总结出链接功能需求与酒店房型特色表（详见附录四），以供酒店服务人员增销服务练习之用。

我们可以根据所了解的客人旅行故事中的人物背景及时代特征，识别客人旅行故事中的功能性需求，进而链接酒店房型特色，筛选出迎合客人功能性需求的房型，下面就来做案例练习。

## 案例练习

**旅行故事1**

人物背景：王女士（山东人，30多岁）和父母（接近60岁），OTA预订2间豪华大床房，含早，住2天，经由交流了解王女士的父母是第一次来苏州旅游。

时代特征：北方人，城市白领的气质及穿着，与父母同行旅游。

**链接功能需求与酒店房型特色表（旅行故事1）**

| 房型特色 | | 人物特征 | 功能性需求 |
|---|---|---|---|
| 大众需求 | 景观 | 第一次来苏州 | 景观 |
| | 房间面积 | | |
| | 床型 | | |
| | 浴室 | | |
| 小众需求 | 朝向 | | |
| | 位置 | 与父母同行 | 连通房 |
| | 设计 | | |
| | 设施 | | |
| | 设备 | | |

| 房型特色 | | 人物特征 | 功能性需求 |
|---|---|---|---|
| 行政待遇 | 早餐 | 预订含早餐 | 行政酒廊安静享用早餐并能欣赏景观 |
| | 欢乐时光 | 与年纪较大的父母同行 | 作为晚间简餐 |
| | 饮品和点心 | 与年纪较大的父母同行 | 老人午睡起来可以补充点能量 |
| | 会议室 | | |

筛选出迎合客人潜在功能性需求的房型：

（1）景观房。

（2）行政景观房。

**旅行故事2**

人物背景：张先生（浙江人，30多岁），1位入住，OTA预订基础大床房，不含早，住2天，经由交流确认张先生是商务出差。

时代特征：南方人，城市白领的气质及穿着。

**链接功能需求与酒店房型特色表（旅行故事2）**

| 房型特色 | | 人物特征 | 功能性需求 |
|---|---|---|---|
| 大众需求 | 景观 | | |
| | 房间面积 | 在房间工作 | 办公区宽敞 |
| | 床型 | | |
| | 浴室 | | |
| 小众需求 | 朝向 | | |
| | 位置 | | |
| | 设计 | | |
| | 设施 | | |
| | 设备 | | |
| 行政待遇 | 早餐 | 预订不含早餐，入住2天，商务出差，有行政待遇潜在需求，但差旅费额度是否能支付行政待遇费用？ | 营养早餐可以提高工作效率 |
| | 欢乐时光 | | 喝点小酒可以缓解工作压力，也可为当作轻食晚餐 |
| | 饮品和点心 | | 咖啡茶点已经成为多数都市人的生活习惯 |

筛选出迎合客人潜在功能性需求的房型：

（1）豪华大床含早餐套餐（豪华间比基础房大5平方米，办公区宽敞）。

（2）行政大床房包含行政待遇（行政房比基础房大5平方米，办公区宽敞）。

**旅行故事3**

人物背景：李先生和刘女士（东北人，20多岁），2位入住，OTA预订基础大床房，含双早，住2天，经由交流了解他们来过三亚，特别喜欢三亚放松的氛围。

时代特征：北方人，穿着休闲时尚，亲密的交流透露出2人是热恋中的情侣。

**链接功能需求与酒店房型特色表（旅行故事3）**

| 房型特色 | | 人物特征 | 功能性需求 |
| --- | --- | --- | --- |
| 大众需求 | 景观 | 曾经来过三亚 | 海景不是首要需求 |
| | 房间面积 | 2人入住 | 空间感 |
| | 床型 | | |
| | 浴室 | | |
| 小众需求 | 朝向 | | |
| | 位置 | | |
| | 设计 | 本次来三亚就想宅房间里 | 私人池畔休闲区 |
| | 设施 | 热恋情人 | 私人泡池 |
| | 设备 | | |
| 行政待遇 | 早餐 | | |
| | 欢乐时光 | | |
| | 饮品和点心 | | |
| | 会议室 | | |

筛选出迎合客人潜在功能性需求的房型：

（1）池畔房。

（2）别墅。

迎合客人功能性的需求的房型可能有好几个，至于哪个房型最合适必须经由个性化的提问来了解，将在第六章"传递增销服务的新体验"进行详细说明。

# 第五章 90%的员工其实不懂沟通

## 一、为什么找个有高级感的员工很难？

丽思卡尔顿酒店的经典服务语录"Ladies & Gentlemen Serving Ladies & Gentlemen"（绅士淑女为绅士淑女缔造美好的体验），一语道出该酒店培训服务人员的精髓。本书的共同作者闫蕾在瑞士读书的时候，曾遇见丽思卡尔顿的人来招聘实习生，招聘官分享了经典服务标语和其背后的意义，让她顿时觉得倍感尊重，特别向往。作为第三方顾问，服务丽思卡尔顿品牌酒店多年后，我对这句话的解读，就是服务人员与客人在言行举止上同样都是有教养的绅士与淑女，通过这一文化的打造，确保该酒店的标准和精神得以传承。这一句话也替丽思卡尔顿酒店服务人员的定位下了锚，服务人员不但感受到重视，也了解自己服务的定位，在言行举止上是有教养的绅士与淑女。

大约在2009年的冬天，我路过北京金融街的奢侈品名店，无意间看到店前站岗的保安挖鼻孔的一幕，"违和感"极强，高级的大理石搭配上保安的这一举动，让人感受到这个品牌对于维护服务形象的疏忽。

近几年以来，每半年替换一次的实习生，是大多数酒店的前台、礼宾部、餐厅等一线服务岗位的生力军，这些还在学校读书的年轻学子，还在摸索成人世界的人情世故，又如何能在短暂的实习期间快速地融入酒店的环境，并与形形色色的客人顺畅地沟通交流？虽然，实习生解决了酒店用人的需求，但是酒店也肩负着培养未来酒店人才的重任，因此这更加突显酒店的服务文化，对于服务人员沟通交流能力培训的重要性。

一直以来，酒店培训新人的重心是一线服务人员的日常运营工作流程，因为长期人力短缺、业务量大，再加上离职率高，实习生半年一轮，新的一线服务人员对于日常工作需要时间熟练，自然出错概率大增，使得酒店更加重视日常运营工作流程的培训，忽略了服务的基石——沟通交流能力的培训，甚至有时对于酒店产品专业知识培训都无暇顾及，或仅能快速重点的培训。

在第二章里讨论过，一线服务人员软实力的重要性，随着中国经济的快速增长，城市化进程的快速推进，旅游的普及，客人累积了丰富的入住酒店的经验，对于酒店一线人员服务质量的要求早已不像10年前，能快速办理入住退房就满意了。我常在培训时提醒学员，其实有时客人对于酒店的了解比实习生都多，经常出差入住酒店的我，也能明显地感受到前台有一半以上都是新人时，他们所呈现出的不安及生疏。作为客人的我，如果心情好时，能够耐心地包容新人的生涩且一知半解的服务；但当我工作压力无比大或旅途劳累时，就很难控制自己的情绪了，尤其是工作不顺心时，可能就会爆发，这时前台一线服务人员如何专业地对应呢？这就不是单靠日常运营工作流程的培训就能解决的。

因此，掌握酒店产品专业的知识，提升沟通交流的能力，培养具备同理心的服务态度，进行社交礼节的熏陶及生活美感的认知等相关的培训，刻不容缓。服务人员综合素质提升，方能应对客人对于酒店服务的期待，并与酒店的硬件设备相互辉映，提供客人硬件设备及软件服务完美结合的优质体验。

## 二、站在客人的角度沟通不是口号

### 你是谁？

"站在客人的角度沟通"早不是什么新鲜要求，每一位一线服务人员都或多或少听过这句话，甚至第一反应是，站在客人的角度沟通很难，因为客人实在要求太多了。

平常与熟悉的家人、朋友、同事沟通时，都很难站在对方的角度进行，更何况是不认识的客人呢？因此，多数人理解的"站在客人角度思考"，更多的动力来自工作职能要求，而非同理心。而我的经验却恰恰相反，就是因为是不认识的客人，反而比较容易做到顺畅的沟通，这是工作的一部分，是专业的表现，需要认真思考和执行。我自己是个比较固执的人，这是我的优点也是我的缺点，不太能换位思考地去与家人朋友沟通，后来因为从事酒店服务工作，必须与客人沟通、处理投诉，必须发挥同理心并学会从客人角度说话，若干年后，朋友都说我和以前不一样了，说话听起来舒服多了，我的职场造就了我的新能力。

我经常和培训的学员们说：如果你在酒店实习了半年后，你的家人、同学、朋友与你沟通时，没有感觉到你有任何改变，那就表示你还没养成站在对方的角度沟通的习惯，你的换位思考及同理心尚未形成，还需努力。

服务人员就是提供服务的人员，在早期的中国社会，服务业不发达，大家对于服务业的粗浅认知，还停留在餐厅端盘子、洗碗、打杂的形象。随着中国经济的发达，大部分人的物质需求得到了满足，进而对于精神层面的要求越来越高。服务业已渐渐成为主流行业，并且得以细分。酒店接待、美发师、美甲师、销售员、房屋中介、理财顾问甚至公司的产品经理等，都是服务人员，只是依据专业的不同而有不同的名称，服务客人们不同层面的需求。在服务业成熟发展的社会，服务人员没有贵贱高低，只有服务的专业与否，常态的情形就是今天你去剪发，美发师以他/她的剪发技术专业服务你，明天他来酒店入住，你是酒店接待以专业服务办理入住服务他/她，在服务经济的社会，大家以自己的专业互相提供服务。

那么，酒店一线服务人员的专业是什么呢？

很多酒店一线服务人员所认知的专业是对自己部门的酒店产品知识掌握运用，以及管理系统和财务的精确程度，却忽略了这些专业都必须经由沟通传递给客人，沟通能力承载了酒店品牌的价值，极大地影响客人对于酒店产品及服务的评价。

### 惹怒客人的日常案例

在酒店工作及培训期间，经常听到酒店一线服务人员抱怨客人的种种不是，无辜地跟我倾诉,在服务客人的过程中,不知为何惹怒了客人,客人劈头盖脸地骂人,心里很委屈。还有一些人被客人骂或投诉时,就自哀自怜,抱怨因为自己是服务员,所以受到客人的鄙视,产生负面情绪,最终退出酒店服务行业。我非常理解一线服务人员受委屈的情绪,发泄委屈的情绪是人之常情,但作为专业的服务人员,在情绪获得抒发后,必须积极正面地寻找解决之道,想清楚客人为什么发怒,才能更好地服务客人,并且搞清楚是不是自己给自己贴错了委屈的标签。

大家可以从以下三点寻找解决之道:

(1)首先自问:我有哪里做不对或是说错话了?想想在与客人交流时,自我意识是否过高,对于自身的感受是否过于敏感,而对于客人的感受却是钝化的?

(2)学习发挥同理心从客人的角度进行沟通。

(3)学习如何有技巧的教导客人。

我总结了"客人最易怒的案例",来协助大家更好地学习如何与客人进行交流,化解尴尬。

### 易怒案例一:要求高楼层房间

**故事A**

接待:您的房间安排在8楼!(其他什么都不说,就当没看到预订中备注中客人要住高楼层的要求。)

客人:我在预订时有要求高楼层,怎么才8楼!

接待:因为您预订的是基础房型,最高是10楼,目前只有8楼有房间。(语气中透露出鄙视客人预订的仅是基础房型。)

客人最终的反应:

(1)被前台接待理直气壮地拒绝,虽不满意8楼的房间,但也无法反驳，选择默默接受，对于酒店服务产生不好的印象。

（2）被前台接待激怒，提高声调，大声投诉在预订时酒店并未说明基础房型的楼层，要求见经理，值班经理很有可能将房间换到10楼，甚至将房间免费升级至高级别房型的高楼层，来安抚客人的情绪。

**故事B**

接待：张女士，您要求高楼层的房间已经帮您安排好了，房间在8楼。（表明对于客人需求的关注。）

客人：可以高一点吗？（因为接待表示对于客人需求的关注，客人的语气通常都会缓和些。）

接待：我帮您看看。（纵使知道没有，也要再看一下，让客人感受到我们的努力。）

接待：8楼是目前您预订的房型中最高的了！您预订的房型（高级间或豪华间）最高是10楼，但目前9、10楼都住客了！（先努力看看是否有更高的楼层，再告知客人预订的房型最高也就是10楼。）

客人：那好吧！

接待：感谢您的理解，我会在您的客史中注明，尽量安排高楼层的房间。（虽然无法满足客人的要求，但必须表达关注客人的需求，给足客人面子。）

如果你是客人，上面的案例，哪一种接待的沟通方式让你有被尊重的感受呢？如果你是接待，你又是如何与客人沟通交流的呢？

在培训时，有学员分享运用故事B中的方式，从客人角度沟通后，推荐需付差价的高楼层的高级别房型，有的客人便欣然接受，这就是以尊重客人需求的服务态度并从客人的角度沟通，赢得到客人好感后所提供的增销服务。

> **易怒案例二：要求大床房**
>
> *故事 A*
>
> 接待：张先生，您预订的是双床房，您要求的大床房没有空出来的。
>
> 客人：我很早就预订了！为什么没有大床房？
>
> 接待：确实没有，非常抱歉。
>
> 客人：（沉默，但看的出来很不高兴。）
>
> *故事 B*
>
> 接待：张先生，我注意到您预订的是双床房，但有大床的要求，我们一直都在帮您注意，可是大床房还是没有空出来的。不过，我们特别帮您安排楼层高而且景观相对好一点的双床房给您，希望您住得舒服！（虽然无法满足客人的要求，但必须给足客人面子。）
>
> 客人：真的没有大床吗？
>
> 接待：我刚刚确认过，我再帮您确认一下。（纵使知道没有，也要再看一下，让客人感受到我们的努力。）
>
> 接待：张先生，确实没有大床房。非常抱歉！
>
> 客人：那好吧！

如果你是客人，上面哪一种案例中接待的沟通方式让你有被尊重的感受呢？而你又是如何与客人沟通交流的呢？

同样的，因为运用故事 B 的方式，从客人的角度沟通后，推荐需付差价的高级别房型的大床房，有的客人会接受的，这就是以尊重客人要求的服务态度并从客人的角度沟通，赢得到客人好感后所提供的增销服务。

## 服务的好坏由客人决定

服务人员是产品服务的传递者，但服务的好坏，需要以客人的感受为最终评定，因为客人是服务的接受方，你认为是最好的，对方不一定这样认为。我分享几个实例让大家感受一下，如何站在客人的角度沟通及带给客人的感受。

因为工作关系，我经常搭飞机，基于自己服务业的本能，对于空服员与乘客的交流特别关注。当乘客向空服员要求水、毛毯、枕头时，他们是如何回应的？

（1）请等一下。

（2）好的，请等一下。

哪一种回应乘客听起来的感受比较好？

我认为是第二种，先说好，表示接受并答应提供服务，这是从乘客的角度回应，然后再说你等一下。但当空服员只回应一句"等一下"，这是从他/她完成工作角度出发，并且完成这项服务需要一点时间，让人感觉他/她好像有点不耐烦。仅仅"好的"两个字，大大提升了乘客对于空服员服务态度的好感。在我的印象中，大约只有30%的空服员做到第二种的回应，而且他们是带着笑容说的，我对于他们的专业沟通能力感到敬佩！

简单的一个问题，对应的是一句简单的回复，而这一句简单的回复，就会让客人产生对服务好坏的评定。下面举两个简单的案例，感受一下一句回复能产生的能量。

## 案例一：客人的等待

当酒店客人提出要求是做得到的，但需要客人等一会时，服务人员的回应是？

A：您稍等一下。

B：好的！您稍等一下。

C：好的！给我2分钟，我马上来帮您！（如果此时你正在忙，而客人走向你要办理入住或退房。）

如同前面所分享的空服员的案例，当酒店客人提出要求是做得到的，必须先回应："好的。"接着说："您稍等一下或给我2分钟，我马上来帮您！"所以B、C是从客人的角度回应。虽然客人最后都接受了要求的服务，但因为接待表达的方式不同，带给客人的感受是非常不同的。

> **案例二：客人挑战酒店规定**
>
> 当酒店客人提出要求是无法做到的，或与酒店的规定不同时，服务人员的回应是？
>
> A：酒店的规定……所以不能……
>
> B：我理解您的要求，但是酒店的规定……所以不能……不过我们可以……

A 选项：

客人说：我有XXX要求。

想表达的是：你听我说，我有要求！

而服务人员的回应却是：酒店的规定……所以不能……

表达的是：你听我说，酒店的规定……

因为服务人员是从酒店的立场而不是从客人的角度回应客人的要求，这时客人就会面露不悦。心想，我说的你听见了吗？结果是，酒店的规定客人一句也没听进去！

B 选项：

客人说：我有XXX要求。

想表达的是：你听我说，我有要求！

接待的回应是首先表明：我理解您的要求。

表达的是：我听见您说的了，而且也理解您。表示客人说的也有道理，这么说让客人感受到服务人员对他／她所说的要求听见了并且尊重，客人才愿意聆听服务人员接着说的酒店的规定！

服务人员接着说：但是酒店的规定……所以不能……

服务人员接着又说：不过我们可以……提供解决方案。

所以，请试着咬紧你的舌头，忍住不要急着说出酒店的规定，而是真诚地说："我理解您的要求，但是……"一定要让客人感受到你有听到他的诉求，这就是从客人的角度出发的沟通方式！

### 案例三：预订单的坚持到底对不对

在前台最常见的是客人预订的房型注明是双床，但客人认定是大床房，你是如何回应的？

A：您预订的房型确认是双床，麻烦您看一下您的预订单。

B：您需要大床房是吗？我帮您看一下现在有没有大床。（其实接待心里知道没有大床房，但必须让客人感受到接待的努力，所以要再看看，而且必须说出来。）看了电脑之后，告诉客人："确实没有大床房了，您可以再看看预订单上确认的房型吗？可能是OTA预订时搞错了，您可以跟预订的渠道联系！"

A 选项：

乍看之下，这样表达没啥不好，毕竟事实胜于雄辩，以预订单上的房型为主，不就能让客人接受事实了吗！但从专业服务的角度而言，如此的沟通是不及格的。因为这样就没有从客人的角度进行沟通，而是直白地指出客人的错误，完全不顾及客人的面子。

我记得在上海一家酒店的一位前台新进员工，因为大床双床的事，她经常和客人讲不明白，老是被客人骂。她总是会特别认真地请问预订部的同事仔细查预订单，并确认预订的房型，但她没想到，当她信心满满地和客人解释，预订单上所确认的房型时，反倒被客人骂得更凶了。

大家遇到过同样的情形吗？为啥客人更生气呢？

原因是她如此振振有词地解释，就如同打了客人一巴掌，告诉客人"就是你错了！"让客人当场面子上挂不住，有的客人就会恼羞成怒，越发地不讲理。这是人之常情，遇到类似的情形，我有时也会如此反应的。

B 选项：

乍看之下，会觉得这样有点多此一举，明明就没有大床房了，还看什么，浪费时间。但这是从客人的角度出发的专业交流，客人需要大床，提供服务的接待当然先从满足需求着手，如此一来便安抚了客人急躁的心情，更重要的是让客人感受到接待的努力。接着再请客人看预订单，并将问题转向预订房间的 OTA，有技巧地告诉客人，房间的床型是以预订单为主的，客人也就不会把气生在接待的身上，同时还感受到接待的用心服务。

同在 A 选项案例中的上海酒店工作的一位增销服务高手就是如此与客人沟通的，因为和客人建立了良好关系，最后她成功地推荐了有一张大床的商务小套间，客人虽多付了 300 元，但很满意地入住大床小套间！

### 案例四：洗衣房的故事

我住酒店时经常需要洗衣的服务，每当我打电话给酒店服务中心来房间收洗衣，接电话的服务员一开口几乎都是很制式地说："您洗衣单填好了吗？有勾选送回的时间吗？"我感觉好像在跟机器说话。经过几次完全相同的回应后，我也转变为制式的说法，电话一接通，就说：我要洗衣，洗衣单填好了，请来收衣。说完我就挂了电话！

我想接电话的服务员应该觉得这客人很冷漠吧！但酒店服务员接电话的交

流方式，只是在完成工作任务，完全不考虑对方的感受。讲白了，这样的服务可是会被智能 AI 取代的。

### 案例五：送餐服务的时间点

再说一个酒店客房餐饮点餐的体验。我因为在酒店培训，一天三餐都在酒店，有时因为赶时间或是必须继续在房间工作，我会点客房餐饮。

点完餐后，电话那头的服务员必说的一句话是："您点的餐大约40分钟送到。"

我经常会加上一句："可以快一点吗？我赶时间。"

服务员便再重复一遍："您点的餐大约40分钟送到。"

结果经常是我点的餐二三十分钟就送到了。我理解客房餐饮的正常出餐时间是 40 分钟，纵使无法快点送餐，服务员还是可以顾及客人的感受而说一句："我请厨房尽量快一点，但我不能保证一定会提前送到。"这就是考虑到对方感受的沟通！

### 案例六：DND（请勿打搅）

这是一家苏州金鸡湖畔的酒店，因为我必须在酒店房间专心工作，就打上了请勿打扰的灯！两天之后，工作完成的同时，房间也需要稍做整理，我便打电话给服务中心，告知酒店房间可以打扫了。接电话服务员的回应让我印象深刻。

以下是我们的对话：

客人：我的房间打了两天请勿打扰的灯，今天可以来打扫了！

> 服务员：好的！我会通知客房部，可能要等一会儿才能打扫您的房间，我们会尽快安排。（先说好的，再说等一会儿，但会尽快安排。）
>
> 客人：好的。
>
> 当我正要挂电话时，这位服务员说："邹女士，我会请房务员先送几瓶矿泉水给您，您房间打请勿打扰灯都两天了，您肯定没水喝了！"（最后贴心地想到客人都不自觉的需求，太温暖了！）

就是简单的几句话，让我顿时感受到服务的温暖，对这家酒店留下非常好的印象，对比案例四和五，感受截然不同。大家在平常生活中的交流，也可以练习沟通技巧，培养包容力，调整以自我为中心的沟通方式，促进沟通交流的和谐融洽。

## 三、服务沟通语言的"情"与"度"

### 情理法是中国式服务的精髓

花解语，鸟自鸣，生活中处处都有语言。语言丰富我们的生活，演绎着生命，传承着文明。服务的精妙之处，就是善用语言的表达，传递感心的价值，也是让客人切身感受服务好坏最直接的方式。如果一定要定义服务的专业性，有很大一部分在于提供服务的人员会不会说话。

评估你会不会说话最简单的方式，只需要问自己一个问题："我经常被客人骂吗？"如果你经常莫名其妙地被客人骂或是被客人大声指责，我建议你好好回想一下，你说了什么而激怒了客人。我回想自己在酒店工作的这些年，从一线服务人员做起，从来没有被客人骂过一回。

中国的情理法文化博大精深，这也是中国式服务的精髓，服务的说话之道就是要将情放在第一位，情到深处，客人怎么忍心恶言相向呢？

## 沟通里的"情"

"情"为何物？"情"是情绪，每个人在不同面上体现的情绪不同，我和大家分享几个将"情"放在首位的案例，可以更好地理解沟通里的"情"。

### 案例一：一件西装的启示

这是我在一家服饰店观察到的小故事。一位身材微胖的女孩试穿西服外套，因为扣子扣不上，想买但又犹豫，这时女孩问正在整理展示架上衣服的工作人员，这位工作人员很认真地看着女孩说：外套的肩线很合身，而且外套扣子很多人都不扣的，这样比较飒。女孩脸上露出开心的笑容，购买这件外套的意愿大幅提高。这位工作人员并不是以劝说女孩购买这件衣服为出发点，而是站在女孩的角度考虑，这就是以情、感受为出发点的沟通，传递着服务的专业和温暖。

### 案例二：柠檬汁的温情

我有一段时间喜欢喝柠檬汁，我只要出现在行政酒廊，接待就知道 Michelle 老师来了，新来的接待也都会问了我的房号后，亲切地称呼我为 Michelle 老师，接着就说："您还是喝柠檬汁吧，柠檬都准备好了，就等您来好现榨柠檬汁给您！"好暖心！当然我也会以真诚的微笑及言语表达我的感谢。这也是以情、以感受为首位的沟通之道，服务人员所做的努力必须以言语表达的方式让客人知道。

这让我想到客人入住奢华酒店有大部分是去"取暖"的，因为奢华酒店提供的无微不至的温暖贴心的服务及交流，有时在日常生活中都不一定享受得到。期许大家养成说温暖话的好习惯，成为客人心中的小太阳！

> **案例三：面带笑容热诚服务的面档师傅**
>
> 大家应该都有在酒店早餐面档请厨师下碗面的经验吧！大部分的厨师都是苦着一张脸，头都懒得抬地说一句："5分钟后来取。"常常让我觉得自己好像欠他钱似的！
>
> 住酒店这么多年，我遇到过几位脸上带着笑容在现场煮面的厨师，其中有一位在成都一家酒店的厨师让我印象特别深刻。因为这位厨师不但面带笑容，而且还会说："女士，您等一会，我忙完前面这位客人，就帮您煮面。"轮到我时，他又会耐心地说："女士，您要加啥配料？细面，宽面？要抄手吗？"最后还会说："您坐哪？我待会把面给您送去，大约5分钟。"

这位厨师每天要煮一百多碗面，但他依旧如此耐心且充满感情地服务每位客人。就是因为他关心客人的话语，使得他煮的面特别好吃，让我至今难忘！有时遇到他休假，这碗面吃起来就是少了那么一味。

服务的说话之道就是要将情放在第一位，关心温暖的话语总是能打动人心的，让对方听起来舒服。你说什么样的话，你就会成为什么样的人，培养自己常说温暖的话的好习惯，很自然地就会成为和你交流对方心中的小太阳。

## 沟通里的"度"之一：客人永远都是"C位"的主角

一线服务人员在和客人交流时，必须清楚客人是交流的重心及主角，接待是提供服务的配角。

> **案例一：海归拉着客人尬聊**
>
> 我在浦东的某五星级酒店的行政酒廊用早餐时，听到一位年轻的

服务员很努力地在与一位美国客人交流，滔滔不绝地讲述自己在美国留学的种种，这位美国客人很耐心地听了十几分钟，连早餐都被打断了。

这位海归的服务员，就是没有将说话的度把握好。首先，交流场景的主角是客人，应该让客人有说话的机会，而服务人员是聆听者。再来，注意交流时的场景，客人用早餐时是不适合聊天长谈的。

我在培训时会鼓励学员们要练习赞美客人，和客人建立良好关系，但其中总会有一些让人啼笑皆非的案例。

**案例二：口红的颜色**

接待：您的口红颜色真好看！

客人：谢谢。

接待：您的口红是什么牌子？色号几号？我想买给我女朋友。

客人：我不记得了。

这段交流的主角是客人，而不是接待的女朋友啊！

**案例三：客人的包包**

接待：您的这个包很好看！

客人：谢谢！是XXX牌子的经典款！

接待：是啊！我也特别喜欢这个牌子，我有好几个它们的经典款包！

客人：……（接不上话了）

请问这是在夸客人，还是在炫耀自己啊！

所以，在交流时搞清楚谁是交流的主角很重要，否则交流的效果适得其反，还不如不说。

## 沟通里的"度"之二：客人的面子大于天

中国人最爱面子了，特别是在家人朋友面前，在与客人交流时一定要记得顾及客人的面子。

**案例一：白金卡会员的面子**

记得是在上海的一家酒店，一群客人走进大堂来到前台对着一位接待大声地说："你们酒店的早餐太难吃了，种类少，而且有的菜还是冷的！太糟糕了！我是你们的白金会员！你们把我们房间的早餐退掉，不吃了。"

这时前台主管走到接待旁看了看电脑，淡定地跟客人说："非常感谢您对我们酒店集团的支持，成为我们尊贵的白金会员！早餐的事非常抱歉，我请餐厅经理来联系您处理！您和朋友先回房间，我们给您房间送一瓶红酒，给您朋友房间也送一份果盘，表达我们的歉意！"

客人听完就平静了许多，因为这位主管的这番话让客人在他朋友面前挺有面子的！

在这个平常的案例中，这位主管有四个方面做得很好，给足了客人面子：

（1）首先感谢客人并认知客人是尊贵的白金会员。

（2）早餐的事不多做解释，请餐饮部处理，对客人也有所交代。

（3）请客人先回房间，避免继续在前台大声吵闹。

（4）不仅客人房间送红酒，也送果盘给客人的朋友，让客人在朋友面前有面子。

在与客人交流时，掌握好说话的"度"，清楚知道谁是交流中的主角并且顾及客人的面子，让客人听服务人员说话觉得很舒服，并且感到受重视，确实很重要。

## 四、沟通没有标准法则

曾经有很多学员也问过我，到底沟通有没有标准法则呢？沟通是双向的，没有标准答案和标准的操作手册。与客人的沟通交流是经由观察和对于客人旅行故事中人物背景的了解，配合客人调整服务时的沟通方式。

沟通是服务最重要的基石，也是建立人与人情感的最重要的途径之一。要完成一个优质的增销服务，对于客人旅行故事中人物背景的了解固然重要，但站在客人面前的沟通，才是搭建虚拟和现实的桥梁。因此，提供服务的酒店一线服务人员要扮好自己配角的角色，沟通时以客人的角度配合演出，认真演好自己的角色。或许你在心里想：我觉得我才是主角，需要把控全场。我的回答是：当然可以，当你去餐厅用餐、做美甲、剪发……接受服务时，你是客人，你就是主角，当你成为主角时，被人喧宾夺主的感觉会愉悦吗？

每个人恰如其分的演好自己的角色，才是沟通的标准法则。

# 第六章 传递增销服务的新体验

## 一、服务超越销售的三个秘密

通常学员来参加我的培训前,最常见的增销方式就是确认预订后,就开始推销自己想要增销的房型或产品,而对于客人的旅行故事、人物背景、时代特征、潜在需求了解甚少,甚至不想了解,通常的策略是撒大网捞大鱼。这样的硬性推销,容易让客人产生抵触和反感。

经历了十余年培训酒店前台一线接待员工的生涯以后,我在思考,百年以后,住宿行业也许真的转去元宇宙时代了,最后会剩下什么呢?酒店会是仅存不多的几项线下体验消费的奢侈品,酒店最后能剩下的是温情和沟通的体验。增销服务就是与客人沟通交流提供服务很重要的一环。

前面的章节已经阐述了如何分析和阐述酒店的房间产品,以及如何跟随客人的个体性,提供暖心的服务。这一章,我总结了做好优质增销服务的三个秘密,希望能启发并帮助前台一线服务人员创造以提升服务品质为主轴的增销服务新体验。

为什么我不在此处给大家把体验式增销服务流程化呢?因为流程是死的,要领是活的,服务这种不可触摸的产品,只能根据客人的差异而灵活变化。 因此, 增销服务是服务人员关心客人的旅行故事及人物背景,经由交流识别并激活客人的潜在需求,以专业的酒店产品知识推荐需付费但更适合的房型或产品给客人,达到提高客人住宿体验,宾客满意度及酒店营收的目标。

大部分的增销服务是在办理入住的几分钟内完成的,增销服务的金额除了最高等级套房,都在几百元至几千元之间,金额不大,不太需要花费客人很长的时间谨慎思考而决定。因此,接受增销服务的建议与否,是客人即兴的决定,受当下情绪影响跟着感觉走的成分是极高的,是感性高过于理性的决策过程,体验多于销售。

增销服务过程中的三个秘密：

（1）一见如故：情到"深"处，宾客关系水到渠成。

（2）激活需求：根据预订讯息及现场观察交流，筛选出最适合的房型或产品，并激活客人感性的渴望。

（3）极致体验：不论客人是否接受增销服务的推荐，都是皆大欢喜的结局，完美的收尾是美好住宿体验的开始。

## 二、第一个秘密：一见如故，宾客关系水到渠成

### "关系"是交流的关键

关系是建构中国社会人际关系网络的主轴，交流的关键。说到关系，马上让人联想到各种"内卷"的导火索，关系这个词变成了灰色地带。中国是以熟人关系运作的社会，如果彼此没有关系，中国人习惯上不会主动和陌生人交流。俗话说："各人自扫门前雪，莫管他人瓦上霜。"我又不认识你，为何要和对方交流？

我经常搭飞机，有时我会从座位上站起来看看客舱是否满仓。当我的目光无意中与另一位客人的目光相对时，如果对方是西方人，通常他会礼貌地微笑，当然我也礼貌地以微笑回应，但如果对方是中国人，我们就是面无表情地转过头去，好像什么都没看到，这就是中国人习惯上不与陌生人交流的实例。我和你有没有关系基本上决定了交流的态度，而彼此间建立关系后，就很自然地衍生出中国人最重视的面子问题，为了顾好面子，彼此间该有的礼貌及交流就更不能少了。

### 沾亲带故，拉近距离

俗话说："老乡见老乡，两眼泪汪汪。"所谓的七大姑八大姨，只要沾上

点边就是亲人，酒店每天到店的客人来自四面八方，只要关注客人的籍贯就能快速地建立关系。所以，第四章的"了解客人旅行故事中的'人物背景'"提到关注客人证件上的籍贯是很重要的，因为心里要有个底，知道客人的籍贯是哪，才能沾亲带故，拉近距离的交流。例如，①和客人是老乡；②去过客人的家乡；③在客人的家乡附近上学；④同学或朋友和客人是老乡……都能沾上点关系，交流时就感觉亲切多了。在观察完毕后，千万不要直白地说："我看身份证上您是XXX人。"这样有点偷窥个人信息的嫌疑，可以委婉地说："听您的口音像是北（南）方人？"然后就可以套近乎了。

**实操案例一**

三亚酒店的前台接待是黑龙江人：听您的口音像是北方人？（已关注客人证件上的籍贯，确认是黑龙江人。）

客人：东北的。

前台接待：我也是东北人，黑龙江的！在三亚能够服务我们东北人感觉特别亲切！

客人：就是！你在这工作多久啦？

其实只要是北方人都可以算是半个老乡，如果客人是东北人或是黑龙江人，那就更亲了。都是老乡嘛，总是要客气一点，客人接着就会和你聊起来了。

**实操案例二**

接待：听您的口音像是南方人？（已关注客人证件上的籍贯，确认是广州人。）

客人：广州来的。

接待：（1）和客人是老乡：我也是广州人。

（2）去过客人的家乡：我去过广州，小吃特别多，饮茶特别棒。

（3）在那附近上学：我在广州念大学的，很想念那里，广州的饮茶特别棒。

（4）同学或朋友和客人是老乡：我的同学或朋友是广东人，常常带广东点心小吃给我，特别好吃。

**实操案例三**

在培训时，有位前台接待非常赞同我的观点，并分享了他亲身的经验。

接待：您再等一会，我联系客房部看看房间还要多久打扫好。

客人：快点快点，我已经等很久了！

接待：（无意间看到客人的证件是上海人）侬上海人？（用上海话讲）

客人：是的！侬也是上海人？（用上海话讲）

接待：是的！（用上海话讲）

客人：没事！没事！房间可以快点吗？（语气缓和许多）

从此这位前台接待办理入住时一定会瞄一眼客人证件上的籍贯！

这么一来，是不是一半的到店客人都能跟你"沾亲带故"，拉近距离的概率就变高了？花几秒钟关注客人证件上的籍贯是很重要的。

## 宾至如归：世界各地是我家

酒店前台接待有机会接待来自世界各地的客人，看见世界各国花花绿绿的护照，关注客人的国籍和关注中国客人的籍贯一样重要，酒店前台接待应该主动开启以客人的国家为话题的交流，这样外国客人一定会倍感受到尊重，而且会热情地介绍他的国家。彼此间的关系由陌生转为融洽，国外客人有宾至如归的感觉。前台接待学习世界各地风土人情的知识，运用所学知识与来自世界各地的客人交流，也可以提升自我，例如，接待从法国来的客人，可以赞美巴黎铁塔的美景；接待从英国来的客人，可以赞美横跨泰晤士河的伦敦塔桥；接待从东南亚来的客人，可以聊聊东南亚的美食。

> **实操案例**
>
> （1）有些前台接待会用心地学习各国"问候语"，并以客人国家的语言来欢迎问候客人，虽然只是简单的"午安""晚安""你好"，但都能让千里迢迢来到中国的外国宾客感受到对于他／她的国家的尊重。
>
> （2）让我印象很深的是一位北京酒店的前台接待，他酷爱运动，办理入住时他会特别注意客人的国籍，而聊起那个国家特别出名的运动。客人几乎都是很兴奋地和他侃侃而谈，真的是他乡遇故知，非常开心！
>
> （3）当然也可以赞美客人国家的著名景点，风土人情。

所以大家应该花点时间多多了解世界各国的文化和特色，这也是前台接待的专业能力之一；在与客人交流中，还可以增广见闻，汲取知识。特别用心并经常主动与外国客人交流的前台接待，或许可以达到"秀才不出门，便知天下事"的境界。

### 温暖人心，树立酒店的品牌形象

除了籍贯或国籍之外，主动对客人表达关心也是很好的沟通方式，让客人感受到你的热诚和用心，可以迅速升温宾客关系，也是树立酒店品牌形象的重要途径之一。

## 1. 四季气候问候法

一年四季气候的变化，嘘寒问暖，关心出门在外的客人，是很温暖的话题，就如同关心自己的家人朋友一般，很容易与出门在外的客人建立温馨的关系。

季节不同的"嘘寒问暖"法如下：

春天：最近天气多变，常下雨，您外出最好要带把雨伞！（房间衣橱里有雨伞备用。）

夏天：最近天气热，太阳大，您外出要注意防晒，多喝水！（房间有免费的矿泉水，如有需要可以联系服务中心给您多送几瓶。）

秋天：最近早晚温差大，您出门要带件外套。

冬天：最近降温了，可能会下雪，您外出要注意保暖。

一句真诚简单的问候，可以迅速升温你和客人直接的关系。养成真诚问候的习惯，大部分的客人会看着你微笑地说声谢谢。你的心里也会感到温暖的。

## 2. 天气预报沟通法

手机是万能的，人人都很容易利用手机查看天气预报，但对于忙碌的商务客人，有时也无暇顾及天气预报。另外，即使是相同的气温，在不同的地方、不同的气候条件下（例如上海冬天湿冷的15℃和北京冬天干冷的15℃）体感截然不同。我经常出差，都是在飞机要下降时听机长的天气广播，大概了解一下当地的气温。有时候下了飞机，才感觉气温比想象中冷多了！还是酒店的同仁们借一件大衣给我穿。所以，在办理入住时，简单的天气预报对于出门在外的客人是有必要的，天气预报加上嘘寒问暖，客人心中一定是温暖的。

> **实操案例**
>
> （1）接待：张先生，我看您这次入住2天，天气预报明天有寒流，会降温，您外出要注意保暖！
>
> 客人：是吗？还好我有带羽绒服，谢谢！

（2）接待：李女士，三亚这几天会有午后雷阵雨，建议您和小朋友中午待在酒店，下过雨后再去海边游玩。

客人：是哦，那我们就先去儿童游乐区玩吧！谢谢提醒！

（3）客人：请问明天天气大约几摄氏度啊？

接待：电梯旁有天气预报看板，上面有明天天气预报。（言下之意就是你自己去看吧！）

客人：……（无语了！）

这是我在北京一家酒店的亲身经历，希望你不是那位没有温度的前台接待！

请大家在每天上班前，用手机上看看这几天的天气预报，以天气为话题，如家人朋友般关心出门在外的客人，传递温暖，赢得客人的好感。

### 3. 尽地主之谊，成为客人的 GPS

地域性导游（Local Host）的概念是几年前 Airbnb 推行的，民宿老板不止是提供住宿，还能给入住的客人提供当地最地道的旅游攻略。其实，前台接待尽地主之谊，介绍酒店或周边客人感兴趣的信息，是很自然与客人交流并表达关心的一种方式。例如，大部分客人都已经从大众点评或者小红书上查到了必须打卡的餐厅，但是也有很多人会踩雷。作为当地人，客人会更加愿意听到你的建议。

我是酒店贵宾专车（limousine）的常客，酒店的宾客关系服务人员（Guest Relations Officer）必须送我到房间办理入住，一路上宾客关系服务人员很流利地"背诵"酒店的设备设施，给我的感受是，这样的沟通很专业，却没有温度，宾客关系服务人员只是一味地执行 VIP 客人入住的 SOP。而作为客人的我，除了早餐的餐厅和用餐时间，几乎完全不记得宾客关系服务人员介绍的其他酒店的设备设施。因此，前台接待可以尝试根据客人到店时间、年龄以及兴趣，结合情况介绍酒店或周边客人感兴趣的信息。

> **实操案例**
>
> （1）招式一：根据抵店时间。
>
> 客人办理入住的时间刚好是用餐时段，午餐时间（11:00~14:00），或晚餐时间（17:00~20:00），民以食为天，用餐时段当然要介绍酒店的餐厅及周边的餐厅小吃。
>
> 接待：您用午餐了吗？（办理入住的时间是下午1点）
>
> 客人：还没或在飞机上（路上）随便吃了点。
>
> 接待：推荐您酒店的中餐厅有商业套餐和单点，客人的反馈挺好的。酒店旁边有商场，里面餐厅小吃也挺多的。
>
> 客人：谢谢，我再看看吧！
>
> （2）招式二：根据客人的年纪。
>
> 介绍客人感兴趣的酒店周边的餐厅小吃或酒店的设备设施。
>
> 年轻人：介绍酒店酒吧，酒店周边特色小吃，网红酒吧，景点，健身房，泳池。
>
> 家庭带着小朋友：提供儿童浴室备品，介绍酒店儿童游乐区，儿童泳池，周边景点。
>
> 家庭带着老人：以老人方便为主，优先介绍酒店中餐厅或附近的小吃，周边景点。
>
> （3）招式三：根据客人的兴趣。
>
> 接待：你们晚上有时间可以去酒店的空中酒吧坐坐，在酒店顶层，周末有歌手驻唱，氛围挺好的。
>
> 客人（年轻情侣）：酒吧营业到几点？

> 接待：凌晨1点。
>
> 客人：那行，我们有空上去看看。

当前台接待主动热心地提供客人需要或感兴趣的信息后，客人会兴趣满满地和前台接待交流，好感油然而生。当然，前台接待不要过于激进地推销酒店的餐厅或设备设施，也要介绍酒店周边的餐厅、小吃、酒吧、景点等，否则会因为销售意识太强引起客人的反感。投其所好地介绍酒店或周边客人感兴趣的信息，客人会很快地加入交流的话题，和接待熟络起来。

### 沉睡效应：幸福感加工厂

沉睡效应来自语言心理学，心理专家认为，沉睡效应，简而言之就是夸了又夸，反复赞美，人们可能会因此而喜欢你，而你自己也会因此而受益无穷。因此，不要因为担心对方误会，就把赞美之词压抑在心底。

赞美是人际关系的润滑剂，说起来容易，做起来挺难。赞美，和中国文化里的谦逊有点背道而驰，从小到大，老师父母教育我们，做人不能骄傲，要多多的发现自己的不足，力求做到更好。因此，赞美被很多人误以为是"虚伪"，还有点"功利"和"拍马屁"之嫌。因此，赞美这项技能也需要后天学习和练习。

工作中，当客人赞美你服务态度特别好，办理入住、退房速度特别快，或是英语说得特别流利，你会不会心花怒放，一天干劲十足？说来也挺矛盾的，酒店的服务人员，都特别期待客人的赞美、表扬信，期望自己的劳动得到客人的认可，但自己在赞扬客人这件事上，却有点羞于启齿，甚至不知道该如何开口。我自己原本是很不会赞美他人的，但因为在酒店工作，我会特别关注客人的衣着、饰品、气色、风格，适时给予赞美，会给客人制造住店期间幸福难忘的氛围，所以渐渐地我把赞美也当成了我工作职能的一部分。因此，我深刻了解赞美是可以经由驱动力学习实践而成的。

记得我在大西北城市的酒店培训时,大西北的同学天性豪气、重情义,但要他们赞美客人,真的太难了。我也实在无奈,就请同学们回家先和家人们练习赞美。第二天,同学们和我分享以下赞美家人的小插曲:

(1)同学一,赞美太太,说:"你今天口红颜色特别好看。"太太的回应:"咋地,你没钱啦?来跟我要钱啦?"

(2)同学二,赞美父亲,说:"爸,您今天的领带特别帅气。"父亲的回应:"你今天没做错事吧?快回房间看书去。"

(3)同学三,赞美朋友,说:"你的声音特别好听。"朋友的回应:"你今天哪不对劲啊,有事就直接说。"

由此可见,我们的生活中是严重缺乏赞美,只要说些好听的,对方就觉得你的赞美是有目的。

随着年纪的增长,我渐渐地领悟到赞美是一种生活态度,它帮助我敞开胸怀,看到身边的各种美好,并且真诚地表达出来。赞美的练习过程,也是帮助大家发掘生活的美好的过程。

## 1. 赞美客人的外表

人之所以那么在意外在装扮,除了让自己信心满满,也期望被别人看到,并且渴望被别人赞美。我在酒店工作时就会特别注意客人的装扮,而客人们也会将酒店的大堂作为他们的舞台,等着我的欣赏和赞美。大家忙于工作之余,或办理入住退房时,请抬起头,擦亮双眼,欣赏一下眼前的客人,并且适当地赞美。

(1)初见的女性客人。

女性客人的口红、项链、手链、戒指、耳环、胸针、美甲、手表、眼镜、皮包、围巾、帽子等,都是适合赞美的外在装扮,女性前台接待称赞女性客人是很自然的。在交流过程中,要时刻警醒,主角是客人,一定要把握沟通的"情"与"度"。在第五章的"服务沟通语言的'情'与'度'"中有专门提及相关沟通技巧的部分。

而作为男性前台接待，称赞女性客人时要更加注意分寸，不要表现得很轻佻，以欣赏的眼光点到为止。特别注意项链、胸针因为靠近胸部，不适合赞美，不要把赞美变成一场美丽的误会。

（2）初见的男性客人。

男性客人的领带、眼镜、手表、袖扣、笔、围巾、帽子等，都是适合赞美的配件。女性接待称赞男性客人时要注意分寸，不要表现得轻佻，以欣赏的眼光点到为止。

对于初见的客人，赞美就是以欣赏的眼光点到为止，不要说太多，而是要等着客人的回应。客人通常会以微笑及一声谢谢淡淡地回应，也有些客人会说起关于这个"物件"的故事，这是很好的时机和客人拉近彼此之间的距离。

**2. 赞美客人的家乡，以吃喝玩乐，风土人情为主题**

每个人对于自己的家乡都有一定的情感，赞美客人的家乡很容易取得共鸣，而且客人不用思考就会接话，因为这是他最熟悉的话题。

> **案例分享一**
>
> 我刚开始培训出差时，初到上海北京有着生疏感，但我记得在办理入住时，有时前台接待看着我的台胞证说："您是台湾人！我去过台湾，那里有好多好吃的美食。"顿时，我就有他乡遇故知的亲切感，就很兴奋地介绍了一下台湾小吃，觉得前台接待的服务很亲切！
>
> **案例分享二**
>
> 在三亚培训时，我与美国籍的总经理开会。握手寒暄后，他问我居住在哪，我说台湾。接着，这位总经理就开始赞扬台湾，特别是台湾的美食和茶叶，让我觉得很亲切，而且我也能侃侃而谈，因为我说的是自己最熟悉的家乡，接下来的工作自然就进行得很顺利。

## 第六章 传递增销服务的新体验

虽然大家不太可能走遍大江南北，但通过网络很容易取得中国乃至世界各大城市的特色及吃喝玩乐、风土人情的相关资讯！这是能很快赢得客人好感及信任的一见如故的话题！

当酒店一线服务人员学会了如何和陌生的客人一见如故，建立良好关系，就能跟客人拉近距离：

（1）自然地与客人交流。

（2）赢得客人的好感及信任。

（3）提高客人满意度。

（4）开启增销服务好的开始。

我看过不少前台接待确认过客人的预订后，就滔滔不绝地向客人推销高级别房型，但被客人拒绝的概率很高，因为这样的增销服务过程就是硬性推销，客人对于这样的前台接待没有好感更没有信任，没有交情的交易是很难达成的。

前面提过大部分增销服务的金额不大，所以接受增销服务建议与否就是即兴的决定，受当下情绪影响、跟着感觉走的成分是极高的，再加上中国人的相处之道是情理法，情是放在第一位的，所以能够做到一见如故，赢得客人的好感和信任是非常重要的环节，关系建立好之后，客人接受增销服务建议的概率将大大提升。

前面提到的那位北京酒店的前台接待酷爱运动，办理入住时他会特别注意客人的国籍而聊起那个国家特别出名的运动，客人都是很兴奋地和他侃侃而谈，真是他乡遇故知。而他的增销服务大部分都是在和客人建立关系，与客人相谈甚欢之后进行，比如在给房卡之前，他都会问上一句："By the way, will you be interested in our Club Room？"接着介绍 Club Lounge 与 Club benefits，大部分的客人都欣然接受他的建议，客人显然是因为对这位接待有好感并信任他，才愿意接受他的建议，这位前台接待的增销服务有极大部分是因为与客人建立的交情而促成的交易。

大家可能认为工作这么忙，压根没有时间和客人聊天，或者有的客人来去匆匆，也没有时间搭理自己。这些我都能理解，但要学习和调整的是服务的心态，整天像个机器人般地"check in"和"check out"，很容易弹性疲乏。但调整心态，用心地和客人交流后，你会感受到服务的快乐。人际关系是互相的，当你付出努力表达对客人的关心，一定会有客人感受到而以笑容或是言语回应，为你注入满满的能量。我所见过能够在酒店业或服务业发光发亮的专业服务人员，都是因为获得了与客人交流真诚服务的成就感及满足感，才能够乐此不疲地付出时间、心力服务客人。其实，以上所分享的与客人建立关系的方法和话题，也就是说几句话几分钟的事，重点还是你的心态和意愿。

第五章提到客人入住奢华酒店有大部分是去"取暖"的，因为奢华酒店能提供无微不至、温暖贴心的服务，但我深深认为服务的本质不论在何处都应该是温暖的，不应该因为房价的高低而影响了真诚服务的态度和用心。

## 三、第二个秘密：激活需求，链接感性的需求

### 何谓"感性需求"？

客人的需求可以划分成两部分：一部分是商业上符合逻辑性并且实用的需求，另一部分是情感上的"感性需求"。情感上的需求，是无形的、感性的、非逻辑的；也可能是无理的，却分量十足。链接感性的需求，是非常复杂的过程。

在增销服务的过程中，很多前台接待习惯了硬性推销，当下也许促成了一笔交易暗暗窃喜，但实际是完成交易后，客人的整个体验掺杂了很多负面的情绪，比如反感、厌恶、不耐烦，进而对接待及整个酒店品牌缺乏信心，感觉受到了欺骗。客人所产生的这种情感体验日积月累，"蝴蝶效应"呼之欲出。

徒有其表的美丽设计，没有服务温度的存在，最多就是一间酒店博物馆。因此，了解客人感性的需求，首先要了解客人为何预订基础房型，才能筛选出最适合的房型或产品，来帮助客人链接他的感性需求。

一般预订基础房型的客人，可以分为以下两类：

**第一类：对房价敏感，并且认为酒店的房间仅有提供住宿的功能。**

（1）商务客人有出差报销额度限制，早出晚归，酒店就是个睡觉洗澡的地方。

（2）旅游客人大部分时间都在外面旅游，在酒店时间不多，不打算在酒店花费太多。

（3）高级别会员有免费升级权益。（因各个酒店集团对于会员房间升级权益不同，我们在书中不讨论会员的增销服务。）

**第二类：对酒店房型不了解，并且认为酒店的房间仅有提供住宿的功能。**

（1）懒得花时间研究酒店房型或匆忙订房没有时间多了解酒店房型。

（2）非本人订房，而是秘书、助理、朋友帮忙预订。

了解酒店客人预订基础房型的主要因素后，可以做个练习，回想每天办理入住的客人，并复盘前面所学的内容：

首先是第三章"重塑酒店房间的资产价值"所掌握的酒店高级别房型的特色。

其次是第四章"客人的旅行故事"，所学的方法。

①预先了解客人的预订讯息。

②把握机会与入住客人面对面交流，了解客人的旅行故事、人物背景及时代特征。

③筛选出迎合客人功能需求的高级别房型或产品。

对于大部分的客人，你是否都能筛选出迎合客人功能性需求的高级别房型呢？酒店的高级别房型是否更能丰富客人的旅行故事呢？实际上，80%的客人都是盲目的，并不知道自己要什么，因为大部分的客人都认为酒店就是住宿的地方，不完全知道或也并不关注酒店的房型，或是产品可以提供什么样的体验，所以需要酒店服务人员激活客人的潜在需求。

## 激活需求有技巧

某日，闫蕾接到一位朋友的电话，说她很兴奋，因为她要去深圳旅行，这也是她生完孩子第一次鼓起勇气，带孩子一起远途旅行。她发了很长很长的一张列表给闫蕾，里面详细到要带几件玩具、几个脸盆，还询问她还有没有什么遗漏的内容。闫蕾想到自己带着孩子的旅行经验便提醒这位朋友，住酒店的时候，最好预订一间套房，另一间客房必须是连通房，而且还要带行政楼层待遇，这样孩子可以跟阿姨在另一间屋子玩，你自己也可以有个更好的私密独处空间。此外，早餐和下午小孩的加餐也要考虑，行政楼层可比楼下餐厅好多了，安静，并且避免孩子被其他取早餐的大人碰伤撞到。她的这位朋友度假回来后，跟闫蕾说，非常感谢她给的住宿建议，这钱花得物有所值。

每个客人的旅行故事背后，承载着客人的某些情感需求。客人的需求往往被深深地埋在心里，酒店服务人员如果不闻不问，客人感性的需求永远也不会被感知到。

第四章"客人的旅行故事"里提到了链接客人的旅行故事和房型需求，学习重点是如何筛选出迎合客人功能性需求的房型或产品。适合客人功能性需求的房型或产品可能不止一种，如何挑选出最适合的房型或产品，并激活客人感受的渴望呢？

以下四个环节是关键：

（1）洞悉需求：望闻听切，经由观察，询问及聆听客人，更多地了解客人对于房型或产品特色功能性需求及消费力。

（2）创造需求：依据客人的旅行故事、人物背景、时代特征、功能性需求及消费力，推荐能够丰富并完善客人旅行故事的房型或产品。

（3）链接感性需求：链接房型或产品特色与功能性需求并激活感性的渴望。

（4）价格和价值的抉择：趁热打铁立马报价，并自信地邀约成交。

### 1. 步骤一：洞悉需求

提问是为了更好地了解客人对于房型或产品特色的功能性需求，并经由提问邀请客人参与互动，用心聆听客人的回答，不但可以了解客人的需求，有时还可以听出客人的消费力，筛选出最适合的房型或产品。

## 案例：机场免税店买护手霜

有一天，我在机场的某品牌免税店买礼物送朋友，我看中了这家店挺有名的护手霜，当我犹豫是要买玫瑰或是薰衣草的护手霜时，我就咨询了销售员这两种护手霜的差别，一般情形下，销售员会努力地说明这两种护手霜的优点，但这位销售员却换了个方式，问我：买护手霜是自己用还是送人？我说：送人。销售员又接着问我：礼物送给多大年纪的人？我说：30多岁！这时销售员就推荐我买薰衣草的护手霜，因为特别滋润而且香味沉稳，适合30多岁的成熟女性。我听了之后，认同销售员的建议，立马下单薰衣草的护手霜。

因为要搭飞机，在机场免税店购物总是有点匆忙，等我坐上飞机回想购买护手霜的过程，深刻体会到在销售过程中提问技巧的重要性。

其一，销售员提问："买护手霜是自己用还是送人？"

销售员之所以这么问，是为了确认护手霜的使用者，才能更有针对性地说明和推荐产品。此外，也能更好地确认客人的预算，自用或送人的预算也有所不同。

其二，销售员又提问："礼物送给多大年纪的人？"

原因是销售员必须知道护手霜使用者的年纪，才能专业地判断哪一种护手霜最合适。这位销售员以提问的方式了解顾客的需求，进而针对性地推荐产品，让顾客感受到的是专业的交流，从而促进快速且精准地成交。

虽然这个案例不是直接与酒店前台相关联的案例，但是这个案例说明了成功的服务能转变成销售，需要精准的望闻问切，并且引导客人清晰"了解自己的需求"。

接着就以酒店几种常见的房型或产品特色，结合第四章内容客人旅行故事中的功能性需求的案例，解析如何在增销服务的过程中提问及聆听。

（1）景观房特色。

景观特色是大众主流需求的房间特色，第一次来的旅游客人基本上都有此潜在的功能性需求，所以在与客人交流中了解客人是否第一次来旅游就是推荐景观房的关键信息。而关于是否第一次来旅游的提问，在第四章中已经学习了，这里就不再重复。（请参考第四章中"塑造'人物背景'三部曲"的"第三步：分类客人的旅行故事"，如何识别首次来这个城市的客人中的说明。）

（2）亲子主题房特色。

这类房型是为带小朋友出游的家庭客人设计的，功能性需求很明显，只要与家庭客人在交流过程中建立良好关系，基本上就可以推荐亲子主题房给带小朋友出游的家庭客人。

（3）行政待遇特色。

**早餐特色**　了解客人出行目的后，接着一见如故地表达关心问候，直接提问早餐的需求。

我在培训时常听到学员说：老师，早餐不用问，直接推荐早餐或行政待遇就可以了！因为问了，如果客人说不需要早餐，那不就不能增销了吗？我就反问：不问，客人就需要早餐了吗？现实是，前台接待看到预订不含早餐经常就迫不及待地开始硬性推销早餐或行政待遇，心想撒下大网总会有客人要的，而当客人的回应往往是要么没时间吃早餐或不吃早餐（大部分是商务客人），要么起不来（大部分是年轻的休闲客人）。这样前台接待顿时就被打脸而接不上话了！

大家要知道关于早餐的提问是前台接待关心客人的表达，因为在酒店吃早餐既方便又省时。而且经由聆听客人的回答，可以更好地了解客人的消费力而推荐适合的房型或产品。

## 案例练习：提问及聆听

**旅行故事1**

人物背景：张先生（浙江人，30多岁），1位入住，OTA预订基础大床房，不含早，住2天，经由交流了解张先生是商务出差。

时代特征：南方人，城市白领的气质及穿着。

提问：

接待：您这次是来XXX（城市）出差的吗？

客人：是的。

接待：最近天气转凉了，早晚温差大，您出门要注意保暖。

客人：谢谢。

接待：您早上有时间在酒店用早餐吗？（商务客人忙碌，这么问有针对性）

我看您房间不含早餐。（再次提醒客人）

酒店的早餐是中西式自助餐。（说明早餐的种类，激起有习惯吃早餐的客人的生理需求）

早上6：30就开餐了！（商务客人有时须提早出门，几点开餐很重要）

聆听客人的回答：

（1）客人：好的，加份早餐吧！（暗示客人不差钱，可以直接推荐行政待遇）

（2）客人：没时间！不需要！（客人清楚表明不需要早餐，了解后就尽快办理入住）

接待：好的！我尽快帮您办理入住！早餐在一楼咖啡厅，如果您时间来得及！

> （3）客人：多少钱？
>
> 接待：早餐在餐厅签单是150元。
>
> 客人：（没说话，暗示客人有预算考量或对于价钱较敏感，如果酒店有住店客人早餐优惠价或房间含早餐的套餐，比较适合客人的消费力；如果没有，可以推荐行政待遇，但因为客人对于价钱敏感接受度可能不高）

经由提问及聆听客人的回答，确认客人对于早餐的需求，更好地了解客人的消费力，进而推荐最适合的房型。

大家感受到了吗？看似简单的早餐提问及客人的回答，其中的技巧及暗藏的信息挺多的！接着综合判断预订信息、人物背景、时代特征，提问及聆听。哪一个房型更适合呢？（请参考第四章的"实用工具：链接客人旅行故事和房型需求"内容中，功能性需求案例练习的旅行故事2）

**欢乐时光+全天咖啡茶点心特色** 欢乐时光+全天咖啡茶点心是行政待遇的重要特色，但和早餐不同，不是生活的必需品，所以直接问客人："您需要欢乐时光+全天咖啡茶点心吗？"听起来很突兀，客人也不知欢乐时光+全天咖啡茶点心是啥，不知如何回应！

所以对于客人是否需要欢乐时光+全天咖啡茶点心，提问的关键是了解客人有此需求的可能性，也就是提问了解客人的出行计划，以及客人在酒店的时间，判断是否有时间享受欢乐时光+全天咖啡茶点心！

前台接待不了解客人的出行计划，就推荐行政待遇，在介绍到欢乐时光+全天咖啡茶点心特色时，客人经常以我（们）都不在酒店为理由，拒绝了推荐行政待遇或行政房的建议，前台接待顿时就接不上话了。

此外，提问了解客人的出行计划，可以提供客人旅游资讯也是服务的一环，而聆听客人的回应，可以合理判断客人在酒店的时间，有时也可以更好地了解客人的消费力，决定是否推荐行政房（行政待遇）或是套间（包含行政待遇）！

**旅行故事2**

人物背景：王女士（山东人，30多岁）和父母（接近60岁），OTA预订2间豪华大床，含早，住2天，经由交流了解他们第一次到苏州旅游。

时代特征：北方人，城市白领的气质及穿着，与父母同行旅游。

提问：

接待：你们是来苏州旅游的吗？

客人：是的。

接待：这个季节来苏州最好，秋高气爽，风景也特别美！

客人：是啊！夏天南方太潮湿了，我们北方人不适应。

接待：确实，这时候来正好。

接待：你们来过苏州吗？

客人：我来过，觉得苏州挺好的，所以这次带爸妈来！

接待：您真孝顺！旅游攻略都做好了吗？需要帮你们推荐景点吗？（了解客人旅游计划及在酒店时间）

客人：我们就在酒店附近逛逛，这里的风景环境都不错。

接待：是的！我们酒店坐落在金鸡湖旁，景色特别美，旁边还有月光码头、苏州诚品书店商场、新光天地商场，很方便的！（尽地主之谊，成为客人的GPS）

客人：太好了！还有商场，我们还可以逛街买东西。

思考题：

（1）聆听到了什么？

（2）提问了解客人的出行计划，判断客人在酒店的时间，行政待遇中的欢乐时光＋全天咖啡茶点心特色符合客人的需求吗？

（3）聆听出客人的消费意愿吗？

（4）由预订信息、人物背景、时代特征，筛选出2个迎合客人潜在功能性需求的房型中，经由提问和聆听，哪一个房型更适合呢？（请参考第四章的"实用工具：链接客人旅行故事和房型需求"内容中，功能性需求案例练习的旅行故事1）

**会议室特色** 如果是几位商务客人同行，在了解客人的出行目的后，接着一见如故地表达关心问候，直接询问客人会议室的需求。

### 旅行故事3

人物背景：张先生（浙江人，30多岁），1位入住，OTA预订3间基础大床房，不含早，住2天，经由交流了解张先生和同事是商务出差。

时代特征：南方人，城市白领的气质及穿着。

提问：

接待：您这次预订3间大床房，是和同事一起来出差的吗？

客人：是的，我们有会议。

接待：是啊，那很忙吧？

客人：还行。

接待：房间要安排在同楼层吗？

客人：可以啊，联系方便点。

接待：好的，我来安排。

接待：您和同事需要在酒店开会谈公事吗？

客人：可能吧！酒店有大堂吧、咖啡厅？

接待：大堂吧就在前台的左边，咖啡厅在酒店二层。

客人：谢谢。

思考题：

（1）聆听到了什么？

（2）提问了解客人在酒店开会谈公事的需求，行政待遇中的哪些礼遇符合客人的需求呢？

（3）聆听出客人的消费意愿吗？

（4）运用第四章所学习的方法，由预订信息、人物背景、时代特征，筛选出2个迎合客人潜在功能性需求的房型，再经由提问和聆听，选出最适合的房型（请参考第四章的"实用工具：链接客人旅行故事和房型需求"内容中，功能性需求的案例练习）。

## 2. 步骤二：创造需求

经由预订信息、观察、提问及聆听，了解客人旅行故事中的人物背景、时代特征及功能性需求后，推荐适合的房型特色，能够丰富并完善客人旅行故事。

开展这个步骤，有三个重点需要重视：

（1）在推荐房型之前，必须说出一句很重要的"台词"：您预订的房间已经准备好了。

都要推荐另一个房型了，为何还要提原本预订的房型？客人到达酒店前台，本是以原始预订房型为主，来办理入住。在和前台接待小聊几句后，客人的期待其实是拿房卡，不是掏钱换房型。所以，运用在第五章学习的知识，从客人的角度沟通，当然要符合客人的预期说："您预订的房间已经准备好了！"一来，客人听了之后安心；二来，客人才有兴趣听接待接着说的话。如果早到的客人房间还没打扫好，接待就要告诉客人需要等候的时间，而不是说，如果你付钱升级房型就能马上入住。

（2）推荐的理由：清楚地说出推荐的理由，传递给客人的信息是：这是针对他（她）的需求所提供的个性化的增销服务，而不是硬性推销。

当客人安心地听到预订的房间已经准备好了，前台接待就可以话锋一转，清楚地说出经由提问及客人的回应所得知的推荐的理由。

举例如下：

> 接待：您预订的房间已经准备好了！既然您会在酒店用早餐……
>
> 接待：您预订的房间已经准备好了！听您说这次和父母来苏州旅游，行程也比较轻松……
>
> 接待：您预订的房间已经准备好了！注意到您这次和同事来参加会议，也可能会在酒店开会谈公事……

（3）清楚地口述出推荐的房型：紧跟推荐的理由后，清晰口述出推荐的房型，这时客人可以很清楚地知道接待在提供增销服务。

举例如下：

> 接待：您预订的房间已经准备好了！既然您会在酒店用早餐，您可以考虑酒店的豪华间套餐，包含一份早餐和房间升级。
>
> 接待：您预订的房间已经准备好了！听您说这次和父母来苏州旅游，行程也比较轻松，我向您推荐酒店的行政景观房。
>
> 接待：您预订的房间已经准备好了！注意到您这次和同事来参加会议，也可能会在酒店开会谈公事，您可以考虑同楼层的行政大床房。

### 3. 步骤三：链接感性需求

在这个步骤要做到将功能性需求，链接到房间特色，并激活感性的渴望。

在第四章学习了功能性需求，也就是看得见摸得着的房间硬件的特色，但仅是硬件的特色不能打动人心，必须激活感性的渴望，才能深入人心，开启客人对"硬件"和"内心感受"结合下"画面感"的充分想象。

以下是一些常见的旅行中追求的"感性的感受和体验"：

（1）高效的。

（2）省时的。

（3）方便的。

（4）放松的。

（5）奢华的。

（6）享受的。

（7）浪漫的。

（8）美好的。

（9）独特的。

（10）难忘的。

（11）受宠爱的。

（12）（给家人）最好的。

（13）有面子的。

（14）有身份地位的。

（15）有品味的。

每个人所追求的感受不同，大家可以继续探索更多房间特色带给客人的感受，要激活客人感性的渴望，也有秘诀三要素，坚持一个核心，就是把客人带入画面感，把感受植入客人的脑海画面里。

**激活感性的渴望三要素**

在第一章的"增销服务传播酒店品牌价值的深远意义"中提到从客人住店

目的和体验为出发点，结合特定的场景，塑造感官体验的认同，创造和成就客人难以忘怀的回忆和体验，让客人回忆起那段过往，内心洋溢着幸福感，酒店品牌的价值才能达到"价格"和"价值"上的完美匹配。所以，在增销服务过程中要让客人想象推荐的房型或产品能够带来的体验、幸福感及回忆，才能激活感性的渴望，从而接受增销服务所推荐的房型或产品。

激活感性的渴望三要素的底层逻辑，是要懂得换位思考，从站在面前的客人的角度去描绘房间的特色，引起客人的兴趣并产生共鸣，就如同在第五章讨论的"站在客人的角度沟通"的原则一致。

激活感性的渴望三要素：

（1）场景：描绘具体的房间特色，带有想象空间的画面感（请复盘第三章中所分享的"新视野——重塑酒店房型的包装角度"）。

（2）特写镜头（人物）：将面前的客人带进房间画面，成为画面中的主角，营造沉浸感的氛围。

（3）感受：链接房间特色与情感上的美好幸福，激活渴望。

具体的房间特色场景，经由真实人物的带入，连接感受，激活渴望，让客人觉得此刻我应该拥有这一切，为客人创造当下感性的渴望，让酒店的房间成为客人旅行故事的目的地之一。

---

**案例对比**

（1）销售员：这件上衣很有设计感，花色很有特色，要试试看吗？

场景："这件上衣很有设计感，花色很有特色"，场景特色描绘不具体，没有想象的画面感。

特写镜头：未将客人带入画面。

感受：没有特写镜头迎合客人的特质，无法引导出感受。

销售员在说这句话时就如同眼前没有客人一般，当然很难激活眼前这位客人试穿的意愿！

（2）销售员：你的皮肤白皙，这件上衣的花色素雅很适合你，你穿上一定很好看！试试吧！

场景："这件上衣的花色素雅"，场景特色描绘具体。

特写镜头："你的皮肤白皙，这件上衣的花色优雅很适合你"，以特写镜头赞美客人皮肤白皙，并将客人带进画面。

感受："你穿上一定很好看"，引导出衣服与美好感受的链接，激活试穿的意愿！

以特写镜头赞美客人，链接衣服的特色，激活客人对这件衣服带来的美好感受的渴望！

### 房屋中介案例分享

房屋中介针对渴望享受亲子时光但事业忙碌的客户是如何激活对方的渴望，提升购屋意愿呢？

（1）晚餐后和孩子们在客厅沙发聊天，一丝丝微风吹来，感受生活的美好！（场景、特写镜头、感受）

（2）晚上可以和孩子们在书房看星星，聊聊天文地理、星辰大海，享受亲子时光！（场景、特写镜头、感受）

（3）你们工作忙碌，早上起来看着卧室窗外绿油油的草地，一天精神满满！（场景、特写镜头、感受）

### 酒店案例分享

场景：被城市迷人夜景环绕的行政酒廊（欢乐时光时段）。

特写镜头：一位女士专注地看着面前的电脑，工作累了拿起桌上的香槟，小酌几口，凝视着落地大窗外的城市迷人夜景，休息片刻，似乎有了新的想法，手指在键盘上飞舞着！

感受：香槟和夜景陪伴工作的感觉很美好！

这是我在上海一家奢华酒店亲眼看到的实例！那位女士和服务人员说："Champagne at work！What a wonderful experience！"（工作时品尝香槟！多美妙的体验！）经由这次的体验，这位客人成为行政酒廊的常客！

### 案例练习：链接感性需求

旅行故事如下：

人物背景：王女士（山东人，30多岁）和父母（接近60岁），OTA预订2间豪华大床含早，住2天，经由交流了解他们第一次到苏州旅游。

时代特征：北方人，城市白领的气质及穿着，与父母同行旅游。

接待：您预订的2间豪华大床房已经准备好了！（此处省略接待与客人一见如故及洞悉需求的对话，请参考第六章的"步骤一：洞悉需求"的旅行故事2）

接待：听您说这次和父母来苏州旅游，行程也比较轻松，我向您推荐酒店的行政景观房。

接待：行政景观房包含行政待遇。行政酒廊在酒店的最高层可以360°观赏金鸡湖的景观，您和父母可以在行政酒廊享用早餐，开启美好的一天。（场景、人物特写、感受）

逛街累了可以到酒廊休息，喝喝咖啡、茶，吃点点心补充能量，享受又放松。（场景、人物特写、感受）

晚上还有欢乐时光，您和父母可以在酒廊欣赏金鸡湖的夜景，聊聊天，小酌2杯，欢乐时光还有小吃、主菜、色拉、甜点和水果，如果累了不想出去用餐，欢乐时光的餐点也可以作为你们晚上的简餐，既享受又方便！（场景、人物特写、感受）

**4．步骤四：价格与价值的抉择**

趁热打铁，立马报价，并自信地邀约成交。

有不少前台接待推荐房型后不报价，而是直接问客人是否有兴趣，等待客人主动询问价格。这么做的理由是：不知道客人是否有兴趣就报价，会引起客人的反感。

但在培训中，常有前台接待很困惑地问我：为什么在推荐房型后，客人却要求免费升级，这和他/她当时的初衷背道而驰。我就请他/她回想和客人的对话，结果发觉推荐房型后，不紧接着报价是主要的原因，不立马报价会产生两种结果：

（1）减弱成交意愿：激活需求后，没有立马报价，房间特色带给客人感受的渴望无法即时和价格匹配，减弱了成交的意愿。也就是推荐房型后，问客人："您有兴趣吗？"客人说："多少钱？"一下把客人从美好的画面中拉回了现实，接着再报价，这样一来一回客人很可能已经忘记接待说的房间特色与感受，自然减弱了成交的意愿。

（2）误解：因为没有及时报价，有的客人会误解为可以免费升级，前台接待又要花费口舌解释一番，这不是自找麻烦嘛！

当然，增销服务的报价是有技术含量的，掌握以下四个技巧，能大幅提高成交概率：

（1）报价的时间点。

平常买东西时，大部分的人都是先对商品感兴趣再看价钱，增销服务也是如此，必须让客人了解房间的特色，以带给他/她的感受引起想要的渴望时再报价，客人才能将价格与房间的特色，以及将会带给他/她的感受做一个对比，也就是性价比。

（2）报差价。

①这样才能以多支付的差价和多得的特色感受对比。

②一定要说明是每晚。

③一定要说明加服务费和税（或是净价）。

如果没有特别说明，会在退房时造成客人的不满或不愿付增销差价的情形，所以报差价时要讲清楚说明白，不能只想着让客人接受增销服务的建议，避重就轻地报差价。

（3）对于国外客人，必须将差价换算成美元或国外客人的当地货币。

①必须先报人民币的价格，因为出现在账单上的是人民币的差价。

②再换算成美元或国外客人的当地货币，如此国外客人才能清楚地感受到差价的价值。就如同大家在国外购物时，一定也会换算成人民币，才能清晰感受到价钱是贵还是便宜。

（4）自信地帮助客人做决定。

大家都有逛街购物的经验，也都有犹豫的时候，可能因为价钱有点贵，需求不急迫，或犹豫不决就放弃购买。但这时候，如果销售员或你身边的家人朋友说一句"挺好的"或是"挺适合你的"，你很可能就买了。同理可推，有一些客人也有习惯性犹豫不决的倾向，这时前台接待必须很自信地帮助客人做决定，邀约成交。

那如何自信地邀约客人呢？

（1）我就帮您换到这个房间了吧！

这么说传递给客人的信息是接待对于推荐的房型非常有信心，直接替客人做决定，也缩短了客人犹豫的时间！有的客人也就接受了。如果还是决定不要，客人就得拒绝接待的邀约，不过有的男士因为面子问题，会不好意思拒绝，也就接受推荐的房型了。重点是推荐的房型确实不错，帮助客人做决定不也挺好的嘛！

例如，接待：您只需要每晚多付人民币400元加税和服务费，就可以将房间升级到行政景观房了！（稍待片刻）那我就帮您把房间换过去了！

（2）我就帮您换到这个房间了，可以吗？

这么说大多是接待没把握客人是否会接受推荐的房型，所以用询问的态度：

"可以吗？"做结尾。这时客人可以没有负担地说：不需要！因为是询问客人的意见，但至少催促客人做决定，别纠结了！

例如，接待：您只需要每晚多付人民币400元加税和服务费，就可以将房间升级到行政景观房了！（稍待片刻）那我就帮您把房间换过去了，可以吗？

记住，要把握激活需求四步骤的核心精神，就是前台一线服务人员对于客人的旅行故事感兴趣，主动参与客人的旅行故事，以专业的产品知识推荐更适合的酒店房型或产品，使客人的旅行故事更加精彩难忘。

激活需求四步骤复盘：

（1）洞悉需求：望闻听切，经由观察，询问及聆听客人，更多地了解客人对于房型或产品特色功能性需求及消费力。

（2）创造需求：依据客人的旅行故事、人物背景、时代特征、功能性需求及消费力，推荐能够丰富并完善客人旅行故事的房型或产品。

（3）链接感性需求：链接房型或产品特色与功能性需求并激活感性的渴望。

（4）价格和价值的抉择：趁热打铁立马报价并自信的邀约成交。

## 四、第三个秘密：极致体验，换个角度看待结局

什么是极致？是一个人的职业精神，人对自己的职业理解有多深，就会做到多极致。增销服务是服务的一环，不论结局如何，服务的第一要素，便是服务好客人，而销售是水到渠成的结果，增销服务不是赤裸裸的销售，而是嫁接了销售环节的服务新体验。

大家学习到此，应该很清楚增销是服务的一环，在进行增销服务时，应该更加关注过程，而不要只想结果。俗话说："买卖不成情义在。"更何况客人是来前台办理入住，本来就不是来买东西的，客人不接受增销服务的建议，可以说是理所当然，没必要过于感到挫败。而当客人接受增销服务的建议时，反倒应该觉得喜出望外，代表增销服务做得很好。重点是不论客人是否接受增销

服务的推荐，完美的收尾是美好住宿体验的开始，并且把握这难得的缘分，和增销服务的客人结好缘，这才是增销服务提供的极致体验。

其实，跟客人沟通到最后，能出现的结局无非也就是四种。以下是面对四种结局，可以借鉴的流程和应对方式。

### 第一种结局：接受增销服务建议

客人接受增销服务建议时，提供增销服务建议的前台服务人员应该觉得喜出望外，有满满的成就感，因为自己就在短短的几分钟内说服了初次见面的客人。但同时，必须按捺住兴奋的心情，表现淡定，完成办理入住的流程。

我曾经我遇过这么一件事，在上海的一家酒店，一位实习生参加增销服务培训后，完成了她第一个成功的增销，当客人接受她推荐的套餐时，她兴奋地跑进前台办公室大叫："我增销成功了。"这时前台领导问她："办理好入住了吗？"这位实习生才想到客人还在前台等着她完成入住手续。可见，当客人接受增销服务时，这位实习生是多么的兴奋及开心，不过兴奋之余，她必须学会按捺住兴奋的心情，表现淡定，完成办理入住的流程。

当客人接受增销服务建议后，前台接待完美收尾的五步骤：

（1）赞美客人的决定：肯定客人做了很棒的决定！

例如：

接待：李女士，您和父母一定会喜欢我推荐的行政景观房的！（接着完成入住手续）

（2）自我介绍：递房卡给客人时，进行自我介绍，并请客人在住宿期间有需要服务之处都可以找你，这部分我称之为"售后服务"。有的酒店允许前台接待添加增销服务客人的微信，以便提供个性化的服务，但至于是否加微信，那就要看酒店的规定或个人的决定了。

例如：

接待：李女士，我是Amy，您也可以叫我小陈，今天很高兴为您服务，在住宿期间有需要服务之处可以找我或我的同事。

（3）个性化的祝福收尾：经由增销服务的交流，前台接待对于客人的旅行故事有所了解，当然应该以个性化的祝福收尾。

例如：

接待：祝您和父母在苏州有个美好的假期。

接待：预祝您会议成功或出差顺利。

这相对于酒店接待制式地说"入住愉快"有诚意多了！

（4）联系客人，询问对于房间的满意度：在客人离开前台5~10分钟后，增销服务的接待打电话或微信客人，询问客人对于房间的满意度，传递给客人的信息是对于客人满意度的重视，也有酒店担心如果客人对于房间不满意，那不就是自找麻烦吗？我的答案是：①要对推荐的房间有信心；②及时了解客人的反馈可以及时处理。如果不闻不问，是鸵鸟精神，失去了处理问题的先机。

（5）退房时询问客人对于房间的反馈：在退房时再度询问客人，对于推荐房型的住宿体验或反馈，传递给客人的信息是对于客人住宿体验或反馈的重视，更加深客人对于增销服务的满意度！

我经常听学员们分享，因为增销服务而熟识的客人，经过前台会特别和他们打招呼，分享当天旅游的趣事，还会带点小吃给大家，这就是皆大欢喜的极致体验，自然并有着人情的温暖。

### 案例练习

客人：好的，那就换这个房间吧。

接待：李女士，您和父母一定会喜欢我推荐的行政景观房的！（接着完成入住手续）

接待：李女士，我是Amy，您也可以叫我小陈，今天很高兴为您服务，在住宿期间有需要服务之处可以找我或我的同事，祝您和父母在苏州有个美好的假期！

### 第二种结局：拒绝增销服务建议

增销服务，并不是以客人接受与否，来评断增销服务的成功与失败，客人接受固然好，但客人这次拒绝，并不代表以后都不会选择推荐的房型，所以做好拒绝增销服务建议时的收尾更加重要，也是前台接待涵养的体现。

当客人拒绝增销服务建议后，前台接待完美收尾的四步骤如下：

（1）缓和尴尬，给客人和自己找个台阶下。

当客人明确表示不需要，拒绝增销服务建议时，不要再考虑如何改变客人的决定，这会让客人感受到接待不理会他/她所说的，而继续推销，也会让客人产生反感，好像房间卖不掉硬要推给他/她。所以，当客人明确表示不需要或拒绝增销服务建议时，接待要淡定地接受这个结果，并给客人和自己找个台阶下，缓和尴尬！

---

**案例分享**

北京的一家酒店前台接待推荐行政房给一位长住客，我记得这是一位国外来的工程师，接待很热心地带客人看房间，参观行政酒廊，花了大约半个小时，客人拿着手机计算了半天，最后因为差旅费的额度，很礼貌地拒绝了增销至行政房的建议，这位接待当然有点失望，客人也觉得很抱歉，耽误了这位接待那么多时间。

前台的主管告诉我，可能是因为拒绝了推荐的行政房，这位客人觉得没面子，每次经过大堂时都不往前台方向看，也没来过前台。我建议前台主管下次看到客人要主动和客人交流，问他是否住得舒适，是否有需要服务之处，以表达关心，化解因为客人拒绝增销服务建议所造成的尴尬！

---

这就是没有做好增销服务的收尾，缓和尴尬，给客人和自己台阶下的实例。

> **参考练习**
>
> 客人：不用了，谢谢！
>
> 接待：没事，那下次吧！（缓解因拒绝而产生的尴尬，给客人和自己找个台阶下）
>
> 接待：您预订的房间已经帮您准备好了，我尽快帮您办理入住。

（2）再次表达关心。

如果要做得更好，我们可以加上一句：我帮您看看，有没有楼层高一点或景色好一点的房间。这么一说就更能表达"买卖不成情义在"的心意了。中国人十分重情义，客人都拒绝你了，你还能如此用心地服务，肯定会在客人心中留下好印象，而且对你推荐的房型或产品也有好感，下次可能自己就会预订了！

> **案例分享**
>
> 在培训时有位三亚酒店的接待分享了她的亲身经历。当她被客人拒绝增销服务的建议后，她就低着头，忙着帮客人安排同楼层的房间，没有说话。后来送客人到房间的同事告诉她，客人认为自己拒绝增销服务建议后，前台接待的态度就变得很冷淡，感觉很现实。前台接待很委屈地表示，自己是忙着帮客人安排同楼层的房间，所以没说话。如果这位接待在客人拒绝增销服务建议后，告诉客人她在努力地为客人安排同楼层的房间，客人会很感谢她的服务的。在此提醒大家，当客人拒绝增销服务建议后，不能闷不吭声，否则会引起客人的误会，必须再次表达关心让客人感受到接待的用心服务！

> **参考练习**
>
> 客人：不用了，谢谢。
>
> 接待：没事，那下次吧！我帮您看看有没有楼层高一点的房间哈。
>
> （再次表达关心，客人的感受会更好）

（3）自我介绍。

（4）个性化的祝福收尾。

当然自我介绍及个性化的祝福收尾也是必须做到的，不能因为客人拒绝增销服务建议，就草草结束马虎了事。自我介绍及个性化和祝福收尾的部分请参考前文"第一种结局：接受增销服务建议"中的详细说明，不在此重复说明。

> **案例练习**
>
> 客人：不用了，谢谢。
>
> 接待：没事，那下次吧！我帮您看看有没有楼层高一点的房间哈。
>
> （再次表达关心，客人的感受会更好）
>
> 接待：李女士，我是Amy，您也可以叫我小陈，今天很高兴为您服务，在住宿期间有需要服务之处可以找我或我的同事，祝您在上海开会顺利！

## 第三种结局：犹豫不决

当客人对于增销服务建议犹豫不决时，所传递的信息就是有兴趣，但又有疑虑。这时，前台接待必须把握"有兴趣"的点，自信地化解客人的疑虑。

对于客人的犹豫，前台接待可以用以下五种应对的方法：

（1）自信地强调推荐的房型很受客人的喜爱，分享其他客人的正面反馈，客人的反馈是很有说服力的！

例如，接待：我上周推荐行政景观房给和你们一样一家人出游的客人，他们的反馈很好，也很享受欢乐时光。

（2）再说一两个房间的特色并链接感受，再度尝试激活客人感性的渴望。

例如，接待：你们的早餐也可以在行政酒廊享用，可以边用早餐边欣赏湖景，很惬意的。行政待遇还包括延迟退房到下午3点，你们可以在苏州多玩一会。

（3）如果房间紧张，推荐的房型所剩不多，就直接告诉客人，物以稀为贵，有的客人也就接受了。

记得是在宁波的某个酒店，第一天培训之后前台接待们都非常积极地增销，第二天上课时学员分享了一段有趣的增销服务实例。这家酒店的前台柜台还挺大的，站在靠左边柜台的接待推荐了一间有特色的小套，但因为差价有点高，客人犹豫不决。这时站在靠右边柜台的接待走了过来看了看电脑，问左边柜台的接待："你要用这间房吗？我的客人也想要，但目前只有这一间了，你是要还是不要啊？"左边柜台的接待就接着抬头问客人："您要还是不要？那边有客人在等着呢！"客人一听，想都没想就赶紧说："要！"不再为价钱而犹豫不决了。这就是物以稀为贵所产生的急迫感！

（4）对比与高峰期或旺季的价格做比较，以价格优惠说服客人。

例如，接待：您很幸运的，我刚刚报的价钱比旺季的价钱便宜了150元，很优惠！您现在只要多付350元，在旺季可是要500元！

（5）征求客人同意，带客人看房间，但有以下几点要注意：

①先决条件是前台人力允许，并取得前台主管的同意才可以离开前台。

②如果前台忙碌，就可以用平板电脑上的房间的照片或影片为客人做介绍。

③最好自己带客人看房间，因为客人熟悉的是你，如果你带去看房，一路上聊得可能更好，除非这房间太差或太贵，大部分的客人看房间后都会接受推荐的房型。这其中有一部分原因是因为跟你熟了，就这么点钱，不好意思拒绝你，有失面子。

虽然也可以请礼宾或宾客关系服务人员（Guest Relation Officer）带客人看房间，但通常的效果不太好。因为客人已经在犹豫了，遇到不熟悉的礼宾或宾客关系服务人员，刚好有个机会拒绝，再加上对方也不太清楚自己的需求，结果就是拒绝的居多。

格力董事长董明珠说："推荐好东西，不要低三下四，能成交就成交，不能成交就下一个。你若信我，三言两语就能成交，你若不信，我就是把整个华夏五千年的文明给你讲一遍，你也会说，我考虑考虑。"

我非常赞同董明珠的这段话，当客人犹豫不决时，可以运用以上的一两个技巧尝试说服客人，但要提醒大家在前台办理入住时提供的增销服务，不要为了说服客人花费太多时间，而让其他的客人排队等待。我认为促成犹豫的客人接受增销服务的建议，最重要的是前台接待对于所推荐产品的专业知识和自信。

## 第四种结局：要求免费升级

酒店前台服务人员，最讨厌的就是客人主动要求免费升级，每次碰见这样的客人，心里就嘀咕，怎么又让我碰见这样爱占小便宜的。我以前做前台接待时遇到客人要求免费升级，心里就想：凭啥要求免费升级。

酒店当天的房间大部分是由前台掌控的，为了平房或是处理投诉可以提供免费升级，但客人不可以主动要求。但当我从酒店前台服务人员，转变为经常出差入住酒店的客人时，因为角色的转变，我终于理解客人要求免费升级的心态了。

接着和大家分享我的亲身经历。

因为航班延误，我到达酒店时已经是凌晨了，拖着疲累的步伐走进房间发觉是诺大的套间，转身问陪同来房间的大副："为什么给我套间？我一个人住太大了。"大副说："房间大住得舒服。"我说："可以换房吗？"大副说："没办法，今天满房。"作为客人，我很无语！我还记得当时疲累及气愤的情形，因为套间太大，我打开行李，将个人洗漱用品拿到浴室的路程都比我预定的豪华间多一倍。

几个月后,我和家人旅游入住同一家酒店,前台接待推荐我们住家庭套间,这时我就问:"可以免费升级到上次我住的套间吗?"前台接待回应:"不行,要付费的,上次是因为酒店满房,所以免费升级您住套间的。"作为客人的我突然意识到,我只是酒店满房时的一个预订,住哪种房型要看酒店的房态决定,感觉上好像是施惠于我,至于是否符合我的需求并不重要,而且我还得感恩戴德。但当我主动要求免费升级时,却被生硬地拒绝,所以挺不开心的。

近几年来,我注意到主动要求免费升级的客人有增多的趋势,这还不包括应享有免费升级权益的酒店集团高级别会员。

实现极致体验感的增销服务并不容易,尤其是面对免费升级的需求,应该先了解,为何客人会要求免费升级。下面分享几个常见的要求免费升级的场景。

(1)早期常见的是前台接待报了增销服务差价后,客人会说一句:"还要加钱,才免费升级呀。"其实,客人基于讨价还价的心态,试试看,这是很正常的消费者心理。

(2)客人说:"我在XXX酒店就可以免费升级,为什么你们酒店要加钱!"

客人有了免费升级的经验后,还想继续享受免费升级。(这是酒店在房型超卖时,以免费升级来平房的后果,怪不得客人,换作是你,也可能会问一句)

(3)近几年,客人到前台就主动要求免费升级,还爱加上一句:"我看网上写你们酒店提供免费升级。"

客人看了网评写可以免费升级,自然会有"别人可以,我当然也可以"的心态。

(4)近年来,酒店以免费升级换取客人好评的有增多的趋势,客人会说:"我是XXX预订,可以免费升级的。"

客人经历过酒店以免费升级换取OTA客人好评的情形后,随口一问也很平常。(酒店以免费升级换取OTA客人好评的趋势,造成客人予取予求的心态。)

了解了客人以上的心路历程,其实也就没那么生气了,就能很好地从客人的角度，平心静气地回应客人免费升级的要求。

基于以上总结的四类客人要求免费升级的心态，可以学习以下应对之法。

（1）第一类。

客人：还要加钱，才免费升级呀。

接待：我理解您的要求，不过我向您推荐的房型是很受客人喜爱的，所以不能免费升级。不过您很幸运，最近有活动，报给您的差价很优惠的，性价比很高。（虽然拒绝客人，但还是必须让客人感受到幸运。）

客人：嗯嗯！

接待：那我就将您换到这个房间了，刚好有一间在酒店的高楼层，景观特别好。（这样会让客人感受得到被特别关注。）

（2）第二类。

客人：我在XXX酒店就可以免费升级，为什么你们酒店要加钱！

接待：非常感谢您选择我们酒店，别的酒店的情况我不了解（让客人感受到每个酒店的情形不同），但这个房型的差价已经很优惠了，您再考虑考虑。

客人：要加钱就不用了。

接待：没事，我帮您安排楼层高一点的房间，景观相对好一些。（拒绝客人的要求后，接待的态度要更好，让客人不失面子。如果旁边有朋友或家人，接待可以酌情送迎宾水果让客人在朋友或家人面前有面子。）

（3）第三类。

客人：我看网上说你们酒店提供免费升级。

接待：非常感谢您选择我们酒店，不过免费升级的活动已经结束了。

接待：没事，我帮您安排楼层高一点的房间，景观相对好一些。（拒绝客人的要求后，接待的态度要更好，让客人不失面子。）

（4）第四类。

客人：我是XXX预订，可以免费升级的。

接待：非常感谢您选择我们酒店，不过免费升级的活动已经结束了。

接待：没事，我帮您安排楼层高一点的房间，景观相对好一些。（拒绝客人的要求后，接待的态度要更好，让客人不失面子。）

经由以上免费升级要求的练习，大家是否感受到，在处理客人的要求时的换位思考极其重要，这在第五章"90%的员工其实不懂沟通"也讨论过。希望大家读到此处，已经能够很专业地处理那些原本从前台接待的角度认为无理、但换成客人的角度就能理解的要求了，很多时候只是看待问题的视角不同而已。

### 日积月累，水滴石穿

复盘增销服务过程中的三个秘密：

（1）一见如故："情"到深处，宾客关系水到渠成。

（2）激活需求：根据预订信息及现场观察交流，筛选出最适合的房型或产品并激活客人感受的渴望。

（3）极致体验：不论客人是否接受增销服务的推荐，都是皆大欢喜的结局，完美的收尾是美好住宿体验的开始。

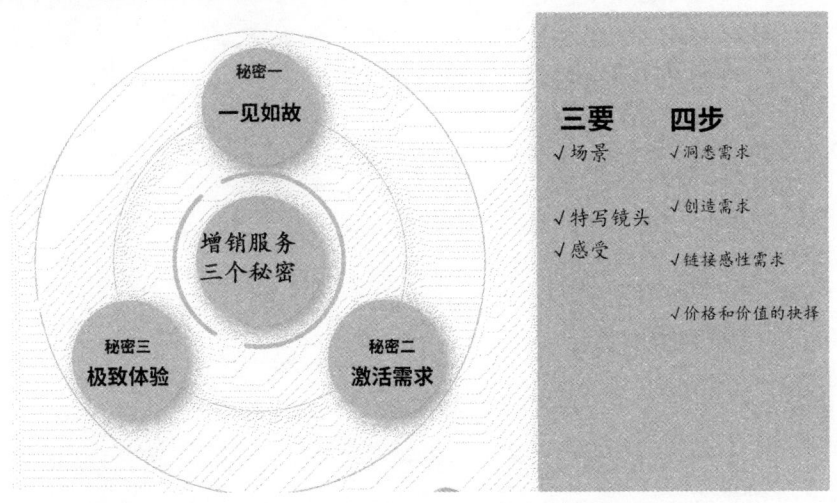

通过本章的总结和练习，会发现其实只要掌握增销服务过程中的三个关键点，在办理入住的过程中和客人小聊几句，增销服务就完成了，这就是前台一线服务人员应该提供的专业的优质的增销服务。

增销服务的核心精神，在于我们要对客人的旅行故事感兴趣，并且以自身的专业产品知识，推荐更适合的酒店房型或产品，参与安排客人的旅行故事，使其更加精彩难忘！

俗话说："台上一分钟，台下十年功。"把握熟练增销服务的关键步骤，就是需要坚持练习。我见证过不少增销服务的高手，都是坚持增销服务，持续练习而达到轻松自如的境界。不停磨炼自我的真功夫，受益一生，在任何一家酒店都适用。最怕的就是不能坚持练习增销服务，遇到客人拒绝就感到挫折，裹足不前，三天打鱼两天晒网，增销服务的实践永远都停留在最初的学习阶段。增销服务的学习，也是前台一线服务人员意志力的锻炼。这项服务不需要伶牙俐齿，需要的是真诚服务的心，以及持续不断的练习。

# 第七章 前台增销服务管理体系的搭建

行笔至此，对于前台增销服务项目的重要性已深入浅出地进行了阐明，健全增销服务体系的搭建，是前台增销服务项目向下扎根、向上增长、永续经营的基石。要搭建一个完善的体系，需要从三个方面着手。第一，搭建绩效奖金及审核机制；第二，增销服务报告系统；第三，增销服务的新视野，来拓展和进化固有的增销服务体系。

搭建前台增销服务的重要核心点如下：

（1）设置增销服务奖金制度。
（2）制定审核增销服务奖金的流程。
（3）增销服务的各项指标。
（4）建立增销服务报告系统。
（5）设定当日增销服务策略。
（6）建立"控房"和增销服务的新关系。
（7）调整增销服务动态差价。
（8）管理"不同生命周期"酒店房间的价值和价格。

## 一、搭建绩效奖金及审核机制

### 设置增销服务奖金制度的窍门

#### 1. 常见的三种增销服务奖金制度

增销服务奖金制度，是运用奖金制度激励前台接待主动与客人交流，并协助酒店完成增销服务收益目标的一种奖励制度。与此同时，增销服务奖金也是酒店在增销服务项目中支出的费用，酒店管理层也必须平衡费用和收入。多年的增销服务咨询经验，验证了一件事，过高的增销服务奖金，会滋生不正规的增销行为，而过低的增销服务奖金，无法激励服务人员持续增销服务，通过甄选，介绍以下三种常见的增销服务奖金制度：

（1）方法一：所有房型设立统一固定百分点的奖金制。

针对所有房型，增销服务奖金设立为统一固定的百分点，为增销差价的5%~10%。

优点：容易根据增销服务收入的预算，来预估增销服务奖金费用，并做出相应的费用预算。

缺点：缺乏侧重性，以差价低的房型的增销间夜数为主，因为差价低，增销服务建议的成功率较高，前台接待就会着重于增销差价较低的房型，以量取胜，结果是不能有效地提升增销差价高的房型的增销服务收入。

（2）方法二：依房型设立不同百分点的奖金制。

依据房型设立增销服务奖金，通常是以增销差价的高低而设增销服务奖金，例如套间为增销差价的8%，行政房为增销差价的5%，景观房为增销差价的3%。

优点：有侧重性，差价越高的房型，增销难度也越高，提高不同房型的增销服务奖金，激励前台接待愿意增销高难度的房型，获取相对高的增销服务奖金。

缺点：①因为增销服务奖金的差异，也会造成有些前台接待只增销奖金高的房型，建议不同房型间的增销服务奖金差异不要过大。②根据增销服务收入的预算而预估增销服务奖金费用较为复杂，必须预估各房型的增销服务收入，来预估增销服务奖金。

增销服务奖金最多设3个不同的奖金百分点，太复杂的制度，反而会产生混淆而不能产生激励的效果。

（3）方法三：递进式奖金制。

增销服务奖金与当月增销服务收入目标挂钩，通过达到不同阶段的目标，来提高增销服务奖金。

优点：当月增销服务收入目标与前台接待的增销服务奖金挂钩，前台接待会朝着当月增销服务收入目标努力，会产生多一分努力，多一份奖金的冲刺效果。

缺点：如果不设立递进式增销服务奖金，前台接待不会关注当月增销服务收入目标，而影响酒店的增销服务收入。

常见的递进式奖金制如下。

①直接与当月增销服务收入目标挂钩，而提高增销服务奖金，如果酒店基础增销服务奖金偏低时，建议采取此模式。

例如：基础增销服务奖金一律为3%，当月增销服务收入目标为10万元，当月增销服务收入超过10万元时，当月增销服务奖金一律提升为5%。

**递进式增销服务奖金表一**

| 累计当月增销服务收入（元） | 增销服务奖金（%） |
| --- | --- |
| CNY 99500 | 3% |
| CNY 100500 | 5%<br>（当月增销服务奖金一律提升为5%） |

有的酒店只给予超过当月增销服务收入目标后的增销服务递进奖金，也就是上述举例的超过10万元增销服务收入后，增销服务奖金才给予5%的奖金。

例如：当月的27号增销服务收入是99500元，28号增销服务收入是100500元，28号之前的增销服务奖金是3%，28号之后的增销服务奖金才是5%！

如此给予奖金的方式所产生的激励效果不大，我个人不建议酒店采用。

②当超过当月增销服务收入目标一定金额时，提高增销服务奖金，如果酒店基础增销服务奖金在市场水平或偏高时，建议采取此模式，酒店可设一个或两个层次递进式增销服务奖金。

例如：当月增销服务收入目标为10万元，基础增销服务奖金为5%。

第一层级递进目标为超过当月增销服务收入目标的110%时（即CNY 100000 × 110% = CNY 110000），当月增销服务奖金一律提升为7%，增加2%；

第二层级递进目标为超过当月增销服务收入目标的120%时（即CNY

100000×120% = CNY 120000），当月增销服务奖金一律提升为8%，增加3%。

**递进式增销服务奖金表二**

| 累计当月增销服务收入（元） | 增销服务奖金（%） |
| --- | --- |
| CNY 90000 | 5% |
| CNY 110500 | 7%<br>（当月增销服务奖金一律提升为7%） |
| CNY 125000 | 8%<br>（当月增销服务奖金一律提升为8%） |

因此，建议在开启前台增销服项目的第一年，设立第一层级递进奖金，累积了一年增销服务收入的数据后，第二年再设立第二层级递进奖金，进一步激励前台接待向前冲刺。

当我提出递进式奖金制时，遇到过酒店管理层的质疑，对于增销服务业绩表现比较差的前台接待，因为团队的努力而搭了顺风车，超过增销服务收入目标而获取递进式奖金。但我的立足点是，增销服务收入目标的达到必须靠团队的努力，增销服务高手对于增销服务收入的贡献固然较高，但增销服务高手也有休假的日子，这个项目的成功实施，需要每一位前台服务人员的努力才能达到目标。虽然增销服务表现较差的前台服务人员对于增销服务收入的贡献较低，但少了那一份增销服务收入，增销服务收入目标还是无法达成。

酒店可以依据房型特色，高级别房型的数量、差价，增销服务收入设置增销服务奖金制度。增销服务奖金制度设立后不是一成不变的，必须衡量增销服务收入的增长，增销服务奖金费用支出的比例，以及增销服务奖金所达到的激励效果进行年度评估，必要时适当调整增销服务奖金制度。

**2. 设立客房部增销服务奖金制度**

增销服务主要推荐的产品是高级别房间，不论前台接待多么认真地提供增销服务，没有打扫并检查好的房间，增销服务也只完成了一半，客房部的努力和支持是增销服务项目成功的幕后功臣，应该设立客房部增销服务奖金制度。但也有酒店的管理层认为打扫房间本来就是客房部的工作，不需要额外奖励。

事实胜于雄辩，在我增销服务培训的经验中，设立客房部增销服务奖金制度的酒店，增销服务业绩都很好，特别是出租率高的酒店，客房部的大力支持，尽力配合前台打扫房间，让前台在提供增销服务需要房间时无后顾之忧，把握住稍纵即逝的增销服务机会。

客房部增销服务奖金制度，是以团队奖金的形式感谢客房部团队的努力，并且必须以达到前台当月增销服务收入目标为条件，给予当月增销服务收入的固定百分点为客房部增销服务奖金！

计算方式：

月度增销服务收入目标为 CNY 100000，客房部增销服务奖金是增销服务收入的 1%。

（1）当月增销服务收入为 CNY 99500，当月客房部增销服务奖金为 0，因为没有达到当月增销服务收入目标。

（2）当月增销服务收入为 CNY 100500，当月客房部增销服务奖金是 CNY 105000 X 1% = CNY 1005。

**客房部增销服务奖金表**

| 累计当月增销服务收入（元） | 增销服务奖金（%） |
| --- | --- |
| CNY 99500 | 0% |
| CNY 100500 | 1% |

### 审核增销服务奖金的流程管理

审核增销服务记录是前台增销服务制度中非常重要的一环，在核发增销服务奖金前，为了确保增销服务记录的正确性，前台及酒店财务部都必须审核增销服务记录。

审核增销服务记录的重点如下：

（1）审核人员。任命前台主管、大副或夜班经理负责每日审核增销服务记录，建议可以每月轮派一位专职审核当月增销服务记录。

（2）审核时间。必须每日审核。负责审核增销服务记录的前台人员，必须每日审核昨天到店的增销服务记录，如休假，可请代班同事代为审核，如有任何审核错误，仍由当月负责审核增销服务记录人员全权负责。

（3）审核项目。

①确认增销服务记录入住登记单有客人确认增销差价的签名。

②确认增销差价是否依据酒店核准的增销差价。

③检查入住预订，是否有更改预订房型，再加上增销差价的不正规情况。

④检查入住预订，是否有取消原预订，另做预订并加上增销差价的不正规情况。

⑤确认当天退房的增销服务记录入账房晚数与增销服务报表一致。

⑥确认当天退房的增销服务记录付费完成。

⑦每月XX日必须将上个月员工增销服务奖金报表、增销服务记录入住登记单，呈交前厅部经理及财务部审核。

⑧财务部会计/收入审计。

⑨每月依前台呈交的员工增销服务奖金报表与酒店运营管理系统的数据记录进行对比和审核。

⑩检查核对已退款的增销服务收入记录在增销服务报表中已删除。

在我的顾问生涯里，经历过几次前台增销服务记录不实的事件，虽然这些事件大部分都是个别员工的个人行为，但对于前台增销服务士气有极大的负面影响，也让酒店管理层视增销服务为眼中钉肉中刺。因此，每天仔细审核增销服务记录，是增销服务项目中非常重要的一环，千万不要将一个月的增销服务记录累积到月底，认为一次花几小时就可以完成审核，这是自欺欺人的做法。试想一下，平均一天有10个增销服务记录，一个月就是300个增销服务记录，一次审核几百个增销服务记录，肯定眼花缭乱，最后都是草草了事，不能保证审核的质量，这样的操作方式会给予极少数不诚实的员工可趁之机。

## 二、增销服务报告系统的意义

### 学会解读增销服务的各项绩效指标

增销服务绩效指标，主要是帮助酒店了解增销服务表现的趋势，突显关注的方向，并可以经由数字化的管理，从宏观和微观的角度，透视整个增销服务的贡献和需要提升的部分。

建立数据报告系统，首先要掌握三个数据指标，它们分别是：

指标一：收入分析（增销服务收入对于客房收入 RevPAR 的影响比例）。

指标二：销售比趋势（增销服务销售量占预定数量百分比）。

指标三：销售单价（增销服务平均差价）。

### 1. 指标一：增销服务收入对于客房收入 RevPAR 的影响比例

RevPAR 是 Revenue Per Available Room 的缩写，意为"平均每间可供出租客房收入"或者"平均每间房收益"。

RevPAR 的计算公式是：RevPAR = 客房收入 / 可供出租客房数。

通过增销服务收入对于客房收入 RevPAR 的影响比例，能宏观地测量增销服务收入对于整个客房收入的贡献，还能看到每个不同房型的增销服务收入，对于整体客房收入的影响力高低。

增销服务收入对于客房收入 RevPAR 的影响比例，是大部分集团酒店评比同等级或同类型酒店增销服务业绩的主要指标。

增销服务收入对比客房收入 RevPAR 的影响比例有两种算法：

（1）增销服务收入 / 酒店客房收入。

①每日计算法：当日增销服务收入 / 当日酒店客房收入。

以 6 月 24 日当日收入为例：

增销服务收入 = CNY 4000,

酒店客房收入 = CNY 112000,

增销服务收入对于客房收入 RevPAR 的影响比例 = 4000/112000 × 100% = 3.57%。

②每月计算法：当月增销服务收入／当月酒店客房收入。

以 6 月份自然月的收入为例：

增销服务收入 = CNY 103540，

酒店客房收入 = CNY 3360000，

增销服务收入对于客房收入 RevPAR 的影响比例 = 103540/3360000 × 100% = 3.08%。

（2）增销服务收入／（酒店客房收入 − 增销服务收入）。

此算法的逻辑是增销服务收入原本不在酒店的客房收入中，而是经由增销服务而增加的，所以必须从酒店客房收入减去。

①每日计算法：当日增销服务收入／（当日酒店客房收入 − 当日增销服务收入）。

以 6 月 24 日当日收入为例：

增销服务收入 = CNY 4000，

酒店客房收入 = CNY 112000，

增销服务收入对于客房收入 RevPAR 的影响比例 = 4000/（112000−4000）× 100% = 3.70%。

②每月计算法：当月增销服务收入／当月酒店客房收入。

以 6 月份自然月的收入为例：

增销服务收入 = CNY 103540，

酒店客房收入 = CNY 3360000，

增销服务对于客房收入 RevPAR 的影响比例 = 103540/（3360000−1035400）× 100% = 3.18%。

以上两种算法的差别：方法 2 的 RevPAR 的影响比例较高些，但差别并不大。重点是同一集团的酒店应采取统一计算方式，纵向对比时，才有统一标准。

## 2. 指标二：增销服务销售量占预订数量百分比

由于预订数量，也就是增销服务的机会，因此增销服务销售量占预订数量百分比，可以更加直观地体现增销服务的销售量占比，并根据百分比来判断好坏，是否有进步的空间。

（1）当日到店增销服务客房数量占当日预订数量百分比。

6月24日预订数量：150；

6月24日增销服务销售量：10；

6月24日增销服务销售量占当日预订数量百分比：$10/150 \times 100\% = 6.67\%$。

（2）当日增销服务销售量占当月预订数量百分比。

例如：

6月预订数量：4157；

6月增销服务预订数量：334；

6月增销服务销售量占当月预订数量百分比：$334/4157 \times 100\% = 8.03\%$。

增销服务销售量占预订数量百分比，是非常重要的增销服务绩效指标之一，它代表的是前台一线服务人员参与增销服务的积极性，特别是增销服务项目开启初期，对于增销服务气势的提升有很大的影响。前台增销服务的氛围搭建就是你做我做他也做，但缺乏氛围时就会形成你不做我不做他也不做的状态。前台的领导必须关注每日增销服务的销售量，提醒并鼓励每位当班的前台一线服务人员积极参与客人的旅行故事，并提供增销服务，将增销服务深植到每位前台一线服务人员的工作节奏中。

## 3. 指标三：增销服务平均差价

通过计算每日/每月销售服务平均差价，分析增销服务平均差价提升的空间。

（1）当日增销服务收入/当日增销服务间夜。

6月24日增销服务收入 = CNY 4000；

6月24日增销服务间夜 = 14；

6/24 增销服务平均差价 = CNY 4000/14 = CNY 286。

（2）当月增销服务收入 / 当月增销服务间夜。

6 月增销服务收入 = CNY 103540；

6 月增销服务间夜 = 334；

6 月增销服务平均差价 = CNY 103540/334 = CNY 310。

通过增销服务平均差价，可以大略地看出增销服务房型每日每月的变化及趋势，客人的消费力，酒店当日可增销房型是影响增销服务平均差价的外在因素，而增销服务高手是否当班，是影响增销服务平均差价的内在因素。

增销服务绩效指标，可以帮助酒店深入分析增销服务收入的趋势，进而调整增销服务策略，在第一章谈到增销服务收入是增销服务的目标之一，但并非全部，经由以服务为主轴的增销服务及机制，提升一线服务人员的工作成就感和稳定性，进而达到提升服务品质与宾客满意度的目标。

### 手把手教会搭建增销服务报告系统

但凡执行了增销服务项目的酒店，对于报告系统都有说不完的辛酸泪。很多酒店的增销服务报告的设计，仅是为了计算增销服务奖金，并提供给财务部审核之用，不具备分析功能，也无法帮助管理团队制定增销服务策略及预测增销服务收入。但我认为，做任何事情都必须了解它的来龙去脉，即便增销服务绩效好，也要知道为何好，不好也要知道为何不好，要做到分析现况，洞悉增长动能、优势及短板，才能制定有效增销服务策略，持续增长。因此，建议酒店管理层将前面说明的三个指标数据设计到增销服务报告中。

**1. 报告系统必须以数字呈现增销服务绩效的三个指标**

增销服务报告系统必须以数字呈现增销服务绩效的三个指标：

指标一：收入分析（增销服务收入对比客房收入 RevPAR 的影响比例）。

指标二：销售比趋势（增销服务销售量占预订数量百分比）。

指标三：销售单价（增销服务平均差价）。

增销服务绩效的三个指标，帮助酒店了解增销服务的销售量，以及对于客房收入 RevPAR 影响的消长、趋势，进而制定增销服务项目的策略。

**2. 报告系统必须能够分析不同房型的增销服务收入**

经由每日每月前台增销服务房型的分析，酒店可以了解到各个房型在不同日期的销售潜力。例如，各个房型销售量在平日和周末、淡季和旺季的差别。我经常在分析增销服务房型变化趋势中，发掘客人对于各个房型喜好的变化及消费力的消长，而这些分析提供酒店调整增销服务房型差价的重要信息。

> **案例分享**
>
> 一家以江景为房间特色的奢华酒店，有一种套间看不到江景，纵使差价是套间中最低的，它的出租率还是很低。但增销服务项目开启后，前台接待着重说明套间的格局方正，面积大及性价比高的优势，推荐给有需求的客人，这个套间的出租率及增销服务收入逐步增长。当保持稳定上升趋势一段期间后，这个套间已经成为酒店最受客人喜爱的房型之一，酒店便决定提高这个套间的增销服务差价，这就是增销服务报告必须有增销服务房型分析的实例，也是前台接待有实力销售酒店高端房型的案例。

**3. 报告系统必须能够分析不同细分市场的增销服务收入**

不同细分市场增销服务收入业绩的分析至关重要，它不但帮助酒店了解不同细分市场对于增销服务收入的潜力，而且对于酒店收益销售部门，制定不同细分市场销售策略也有很大的帮助，当然细分市场及房型的增销服务收入业绩必须合并分析，才能很好地了解细分市场，对于各个房型的接受度及趋势变化。

> **案例分享**
>
> 一家北京的奢华酒店，在某年的第二季度，行政房增销服务收入持续增长，对比细分市场的增销服务收入后，原来是某细分市场的表现特别突出。在这个细分市场里，第二季度推出行政房优惠活动，当优惠活动结束后，第三季度的行政房的增销服务收入便快速下滑，这就是经由增销服务报表，清楚地呈现出优惠活动的效果，以及某细分市场对于差价的敏感度。

增销服务报告系统，必须能够呈现增销服务绩效指标、房型及细分市场分析功能，帮助酒店做到分析增销服务现况，洞悉增长动能、优势及短板，制定有效的增销服务策略，持续增长。

## 每日增销服务任务指标怎么破？

### 1. 每日前台例会有关增销服务的重点

（1）当月增销服务收入。

①截至昨日增销服务，超前或落后当月目标。

②表扬前3名员工及个别增销服务收入金额。

（2）昨日增销服务收入。

①昨日增销服务收入，超前或落后当日目标。

②表扬前3名及表现优异的员工，例如增销总套、大套、长住客的案例。

（3）当日增销服务收入目标。

①早班目标：增销服务收入突破点，因为早班到店客人不多，如有客人接受增销服务建议将是增销服务收入突破点。

②中班目标：增销服务主场，因为大部分的客人在中班时段到店。

③夜班不设目标，因为不确定还会有多少预抵的客人，当日增销服务目标

必须在夜班前达到。

④夜班的增销服务收入可以视为当日增销服务收入的加分。

（4）每日增销服务客人旅行故事分享。

每日轮流安排一位前台同事，分享经由增销服务而丰富完善客人旅行故事的高光点。例如：一见如故的交流，如何激活需求，客人的反馈，等等。

提示：早中夜班都必须在例会上报告以上有关增销服务的重点，而不是只有中班。

**2. 每日增销服务策略**

（1）当日到店预订组成分析。

散客、OTA预订、高房价预订。

（2）当日房态分析。

①当日可增销房型。

②当日增销服务主推房型。

经由每日例会报告增销服务收入及目标，设定每日增销服务策略，并分享经由增销服务丰富完善客人旅行故事的高光点，达到深植增销服务文化于每日前台的工作中。

## 三、增销服务实操的新视野

### 建立"控房"和"增销服务"的新关系

#### 1. 控房对于增销服务的重要性

我在增销服务培训期间，经常听到前台一线服务人员抱怨：客人有需求，但没有房间可以增销，特别是酒店入住率高的日子，忙疯了，哪里还有时间搞增销服务？我的统一回答让很多学员惊叹：满房的日子就是增销服务的大日子。

增销服务需求和市场供需的原理是一致的，当前台一房难求的时候，客人抢着要，但有大把大把的房间时，客人接受增销服务建议的意愿反而降低了。这现象清楚地说明，当有增销服务需求时，一定要准备好房间，巧妇难为无米之炊。

再说到下午5、6点之后，大部分的房间都打扫准备好了，负责房控的同事也已经排好房了，面对房型或床型超卖时，最方便的解决方式就是免费升级（在前面章节已经提及过免费升级的危害性），而且一定是挑选高房价的预订来升级，避免过于拉低高等级房型的平均房价，我以前在前台工作时也是这么控房的。

自从开始培训增销服务之后，我才恍然大悟，以前的控房原则导致酒店损失了不少客房的增销服务收入，因为高房价预订的客人消费力不容小觑，接受增销服务建议的机会也比较高，而如此控房却造就了不少习惯于免费升级的高房价预订的客人。所以当客人主动跟你要求免费升级，不用生气，也不用抱怨客人为何要求免费升级，因为这是控房惯用的免费升级套路导致的必然后果。

中国客人有一大特点，喜欢即兴预订，而且到店时间难以把控。因此，前台房控的工作充满了变化，它不是一份将预订塞上房间号的行政工作，前台房控的控房策略，会极大地影响当天酒店的增销服务收入。担任房控的你，是不是从来没有觉得自己有这么大的能量？

### 迎宾水果的故事一

上海某顶级奢华酒店，房控的工作是在每天下午1点前将到店的预订全部排好房间，其中也包括尚未打扫好的房间和尚未退房的房间，这么操作的原因是客房餐饮服务人员必须将迎宾水果及欢迎信送到房间或楼层。当前台接待提供增销服务推荐房型，而客人也欣然接受时，却苦于没有房间可用，必须通知房控找房间换房间，而客人未到店但已经送迎宾水果及欢迎信的房间也不能使用，如此的煞费周章，客人几乎都会失去耐心地说：没有房间就算了，就按照原来预订的房型办理入住吧！酒店就这样丢失了增销服务收入。

　　这就是典型的将房控的工作局限为行政工作，为了迎宾水果及欢迎信而控房，忽略了能够提升客人住宿体验及酒店客房收入的增销服务，令人扼腕。

### 迎宾水果的故事二

　　三亚的一家酒店为了提升某OTA渠道预订客人的好评，从某OTA渠道预订的房间都必须有迎宾水果，这样的安排是可以理解的，但为了保证这项政策的彻底执行，前台的房控不但将所有某OTA渠道的预订都排好房间，遇到房型超卖的日子就安排免费升级房间，更夸张的是这些预订在系统设定了不可以换房的限制。而每天某OTA渠道预订的数量都挺多的，如此操作的结果就是到店客人的房间还没打扫好，没到店客人的房间却打扫好了，因为谁都说不准客人到店的时间，再加上这些预订在系统设定了不可以换房的限制，前台每天为了找房、拆房、换房搞得鸡飞狗跳，办理入住的房间都搞不定，更谈何增销服务呢？

　　以上两个案例我称之为"一盘水果所损失的客房收入"，前台房控的工作不仅仅是完成任务将当天的预订都排上房间，同时也要考虑如何在排房控房的过程中最大化酒店当天客房收入，这项工作一点也不简单。

**2. 增销服务控房新概念**

（1）增加客人类别细分。

酒店在安排房间时，通常将客人分类为高级会员、VIP、团队，特别需求的客人，现在请大家再加上一个"增销服务客人"的类别，增销服务客人的重要性和高级会员、VIP是一致的，也是每天房控必须重视的预订和排房。

何谓增销服务客人类别？

房控必须预读每天的预订，从预订的房型、房价、预订渠道、特别需求等关键预订信息中（第四章"客人的旅行故事"中教授过方法），可以大略地了解每天增销服务的机会，这就是增销服务客人类别。虽然只阅读预订关键信息，房控无法确切知晓每日增销服务客人类别的数量及需求的房型，但预读关键预订信息后，房控心里至少有了大致的方向，会对当天增销服务客人类别数量和所需的房型有所了解，这是每天控房工作的重要信息。

（2）增销服务控房的六大心法。

在增销服务类别的客人到店前，房控不能确定客人是否会接受增销服务推荐的房型，那要如何安排增销服务的房间呢？

心法一：不要在早上或前一天就完成平房。用免费升级的方式将各个超卖房型的房态归零，这样就是拱手让出增销服务的机会，酒店平白失去了提高客房收入的机会。更何况除非满房，预订部还是会继续接预订，房态是变动的，一早的平房只是制造了房态的假象，无法由酒店客房管理系统直观地体现当天的实际房态情形。

心法二：分次逐步的平房。在房态可掌控的情形下，经由增销服务来平一部分超卖的房型，进而提高酒店当天的平均房价及客房收入。

心法三：减少排房数量。除去高级会员、VIP、团队、特别需求的客人，尽量不要将预订先排好房间，因为不知道哪位客人会先到，这样可以省去前台接待找房间、拆房间、换房间的时间。

心法四：保证每日库存的基础房型及高级别房型。确保在办理入住系统中，随时都有基础及高级别房型提供给前台接待办理入住或增销服务时使用。房控必须根据酒店当天房况、当天到店的预订房型，以及增销服务可能需求的房型，而优先请客房部打扫房间。

心法五：控制免费升级。房控在安排房间时，尽量不要免费升级有增销服务机会的预订，特别是有高消费力的高房价的预订。

心法六：交班说明。房控在下班前，通常是下午5、6点，会将当天预订都排上房间，但房控必须交待前台当班主管，清楚了解免费升级的预订，才能在有增销服务需求时有效率地变换房型安排。

> **大型商务酒店控房盲点**
>
> 北京的一家大型高端酒店，房控习惯将当天的预订都尽量排上房间，因为担心前台新进员工不熟悉客房管理系统及房态，搞乱了房控的房间安排。他的出发点只站在了内部运营的角度考虑，但客人到店时间是很难掌控的，结果是不少的预订在办理入住前，换了几次安排的房间，在要求速度和效率的前台，这样的排房的操作是事倍功半，非常浪费时间，更糟糕的是客人还要等前台接待找房间换房间，客人的不耐烦和前台接待的焦虑是可想而知的。最后还是酒店的总经理，在检查VIP的房间时，无意中注意到客房管理系统中这位VIP的预订被换了好几次房间，才开会讨论调整了房控排房的习惯。
>
> **大型商务酒店控房亮点**
>
> 我在美国工作时，曾经服务过一家有1800间客房的大型酒店，整间酒店员工每天都忙到不行。除去高级会员、VIP、团队、特别需求的客人的预订需要先排好房间，房控的工作就是与客房部联系，确认客房管理系统中随时有准备好的各种房型的房间，以提供前台接待办理入住使用，极少有换房间找房间的窘境发生。我认为这是事半功倍的控房方式，提供大家参考。

## 增销服务的动态差价

近几年，动态定价（Dynamic pricing）已经在各大品牌酒店贯彻实施。动态定价就是基于需求或日期的定价，是一种定价策略，酒店根据当前的市场需求，为产品或服务设置灵活的价格。在考虑了竞争对手的价格，供需情况，以及市场中其他外部因素的算法来更改价格。酒店采用房价的动态定价策略已经有年头了，如工作日、周末、淡季、旺季、节假日、展会期等，但常见的情形是酒店在调整房价策略时，却忽略了调整房型差价的策略。

### 增销服务动态差价案例一

酒店房间在不同生命周期，可以考虑采取以下三种不同的周末动态差价策略：

（1）周末动态差价1：此差价策略适用于酒店开业的前3年，为了维护行政套房的ADR，坚持不降价。在周末，因为出租率低，在基础房型降价但行政套房维持原价的框架下，2个房型间的差价比工作日还高，行政套房更加乏人问津，而酒店周末的ADR也就很难提升。

（2）周末动态差价2：酒店经过了3年漫长的观察评估，终于想通了，在周末调降基础房型房价时同比例地调降行政套房房价，2个房型间的差价与工作日一致，行政套房的售卖人气有所提升。

（3）周末动态差价3：此策略是酒店开业近10年后启动的，因为行政套房也略显老旧，在周末调降基础房型房价时，加大幅度调降行政套房房价，2个房型间的差价比工作日更低，行政套房增销服务接受度提高，相对提升了酒店周末的ADR。

### 增销服务动态差价案例二

近几年，有酒店集团运用软件分析房型房价的预订信息、酒店出租率、房型库存、历史数据及市场需求后，经由软件系统建议各个房型的房价及差价，有时房型的差价每隔几日就会变动，而且幅度也较大。刚实施此策略后，引起前台一线服务人员的质疑，觉得房型的差价频繁变动，客人一定会抱怨。我却客观地分析这一策略，经过观察数月增销服务各个房型的收入后，发觉如此动态的差价变动大幅提升增销服务的收入，此差价策略更加符合市场供需理论。只是前台接待必须习惯关注差价的变动，但客人却不曾因差价变动而有负面的反馈或投诉。

**增销服务动态差价案例三**

酒店也很盛行预售房券或优惠活动，主推房型大部分以基础房型为主，酒店的策略是以量制价，以低价预售基础房型，提高出租率。培训时，就经常听到前台接待说：最近入住的都是买优惠房券的客人，因为他们预购的基础房型房价特别低，说到增销服务推荐的房型或产品的差价时很少有客人愿意接受付费住高级别的房型。其实我也能理解，买预售房券的客人就是冲着低房价来的，出于对价格比较敏感。这时，我就会建议酒店针对预售优惠价制定一套优惠的增销服务的房型或产品的差价，投其所好，接受建议的酒店明显看到客人对于优惠的增销服务的房型或产品的差价接受度提高，了解到买预售房券的客人还是有消费力的，重点是要制定相对应的增销服务的房型或产品的差价。

敏锐地洞悉市场需求、客人对于价格的敏感度，并配合酒店房态供需情况，设立动态差价机制，对于高级别房型的增销服务的收入有很大的影响。

## 四、管理"不同生命周期"酒店房间的价值和收益

我很幸运地以增销服务顾问的身份，陪伴数家酒店走过10个黄金年头，见证了以增销服务策略最大优化酒店房间在不同生命周期的价值和收益。就如同人从出生到年老一般，每一个酒店也无法避免经历这些阶段，我很乐意把这些

宝贵的经验和心得和大家分享。

### 1. 风华正茂时期

通常是酒店开业的前 5 年，这段时间酒店房间的设计风格及市场地位处于峰值，增销服务采取以高价为主导的策略。

北京的某一个酒店，套间划分为行政楼层套间及普通套间。区别在于，是否包含行政待遇，而酒店套间的设计很受客人的喜爱，但前台接待增销服务的大部分都是普通套间，因为客人都说不需要行政待遇，那此时套间的增销服务策略应如何调整？

调整策略：高价为主导。

我建议酒店基于酒店套间热销，所有套间一律包含行政待遇，不再区分行政楼层或普通楼层。换言之，客人如果选择套间必须付行政楼层套间的差价，行政待遇是必须包含的，无从选择低价的普通套间，这就是以高价为主导的策略，前台接待也无退路只能推荐包含行政待遇的套间！

执行成果：酒店套间的平均增销服务差价提高，套间的增销服务间夜在策略执行前几周小幅下滑，接着持平后增长，酒店套间的增销服务收入因为增销服务平均差价的提高大幅增长，而且也借此推广行政酒廊及行政待遇。

### 2. 风韵犹存时期

通常是酒店开业后的 6~8 年期间，这段时间酒店房间的设计及状态峰值已过，增销服务策略应着重于高等级和最高等级套间（Top Suite）为主推房型，发挥这些曾经独领风骚如今仍风韵犹存的高端套间的价值。

延续前面举例的风华正茂的北京酒店，当酒店开业七八年后，曾经独领风骚的套间略显疲态，包含行政待遇的套间差价接受度日渐下滑，卖不动了，此时的增销服务策略应如何调整？

调整策略：价量平衡。

我建议酒店发挥套间风韵犹存的价值，前台增销服务首推包含行政待遇的套间，当遇到对于套间差价抗拒时，可退而求其次推荐不包含行政待遇的普通套间。

执行成果：套间平均增销服务差价降低，但增销服务间夜增长，发挥套间风韵犹存的价值，整体套间增销服务收入提升。

再说说另一家上海酒店，Top Suite 和全景套间是有着一线江景的低调奢华套间，但因增销服务差价过高，孤芳自赏，乏人问津，甚为可惜。酒店管理层备受业主的压力，这么贵的设计费花出去了，怎么就没人住呢？

调整策略：价量平衡。

酒店把握 Top Suite 和全景套间风韵犹存的价值，调降增销服务差价，采取价量平衡策略。

执行成果：Top Suite 和全景套间的增销服务接受度提高，出租率上升，一间夜上万元的 Top Suite 增销服务差价，为酒店创造了近 200 万元的年增销服务收入。

但我也经历过酒店调降 Top Suite 增销服务差价时百般不舍，力道不够，结果还是曲高和寡，无人买单，未能发挥 Top Suite 风韵犹存的价值。

### 3. 重振雄风时期

很多酒店到了年限，会面临重新装修改建，通常酒店会在开业后的 8~10 年间进行第一次房间装修。酒店房间装修后大约 3 个月（因为房间装修后的气味需要时间消散）到 3 年期间，增销服务策略就是最大化房间装修后的价值。

当然酒店可以进行第二次、第三次的房间装修改造，每次的装修都是酒店房间重振雄风的时期。

成都的一家 20 世纪 90 年代开业的酒店，在开业 12 年后全新改造部分楼层房间的设计，包括家具、床垫、灯光及浴室等，唯独房间大小格局无法改造。

调整策略：极致发挥全新装修房间的价值。

房间装修后的 2 年期间，全面禁止免费升级至全新装修的房间，包括酒店高级别会员也必须付费升级至全新装修的房间，前台以全新装修的房间为增销服务主推房型，增销服务收入创纪录增长。

房间装修3年后，调降装修房间增销服务差价，提升逐渐下滑的增销服务接受度，保持增销服务收入。其中最成功的是以套间为主的优惠套餐，客人的接受度极高，大幅提升酒店套间的出租率。

### 4. 日落西山时期

酒店房间的老旧时期，大约是酒店开业10年之后，过时的或落伍的房间设计形成的日落西山的氛围，此时期需要重新设计酒店房间及产品结合的套餐提升房间的价值。

上海的一家中端酒店，开业22年，房间装修过一次，但房间的设计及家具略显过时，酒店地理位置不错，出租率仍在高位，但基础房预订居多，造成大量免费升级，未充分发挥高级别房型的价值。

调整策略：打包高级别房型与受欢迎酒店产品制定优惠套餐。

我建议酒店分析酒店客人对于酒店产品的消费趋势，总结客人的主要需求，与酒店各运营部门讨论受欢迎酒店产品的成本，打包高级别房型与受欢迎酒店产品，制定优惠套餐，推出后增销服务收入增长，免费升级减少，并提升酒店平均房价。

以上的增销服务策略必须配合酒店的出租率、平均房价、客源结构、酒店房型特色及数量，整体考量制定，最大优化酒店房间在不同生命周期的价值及收益。

前台增销服务体系的搭建就如同搭建房子的地基及钢骨，必须牢固扎实，增销服务才能向下扎根，向上增长，屹立不摇。

# 第八章 得到

## 一、增销服务的涟漪效应

撰写这本书前前后后历经了一整年，对于我自己，就如同春蚕吐丝，将自己累积多年增销服务的经验，以及在这条路上的心路历程点点滴滴的记录了下来，其间也不停地自我灵魂拷问，希望将此课程从一个培训项目，升级到一门完整的课程体系，让更多选择酒店专业的学子，以及在职的酒店员工能够受益于此。

因为这本书，我也更加地坚定，增销服务是酒店行业必须开启的项目，也是一线服务人员必须具备的技能。重点是，如果要开启以服务为主导的增销，增销服务的底层逻辑必须是服务，唯有在以服务为主轴的基础下，专注与客人交流的过程，参与客人的旅行故事，丰富并完善客人的旅行故事，跟客人结好缘，才能逆转因为硬性推销所导致的客人对于增销服务的抵触及反感，激起以下一圈圈正向的涟漪：

（1）提升一线服务人员对于酒店房型的专业产品知识。

（2）提升一线服务人员与客人沟通交流的能力。

（3）激发一线服务人员以服务为主轴的销售潜力。

（4）运用增销服务奖金，并给予正确的增销服务持续培训，成为招聘一线服务人员强有力的支撑点。

（5）运用增销服务奖金，间接提高一线服务人员的工资及稳定性，员工流动率降低，服务品质持续提升。

（6）发扬以服务为主轴的增销服务，一线服务人员热心真诚地参与客人的旅行故事，推荐更适合的房型或产品，丰富完善客人的旅行故事，提高客人的住宿体验及满意度。

（7）提升高级别房型的平均房价，以此拉升酒店的平均房价及平均每间房收益。

（8）为控房和平房而免费升级房型的惯性操作提供另一条出路。

（9）不用免费升级房型讨好客人，也能获得好评。

## 二、酒店全员销售文化体系的搭建

### 网络订房是酒店房间销售的主流

对比 2019 年和 2020 年的网络订房数据，北上广深等一线城市的网络预订占比已由平均 22% 提升至 30%，三亚的网络预订占比已由平均 35% 提升至 45%（摘自 STR 报告数据），网络预订已成为酒店房间销售的主流，网络预订的房型以基础房型为主，面对一大批未曾谋面的客人，就更加突显增销服务刻不容缓的重要性。

酒店必须赋能前台一线服务人员，因为他们很可能是酒店唯一有机会与网络订房的客人直面交流的酒店人员。经由增销服务的培训及实践，前台一线服务人员更好地结合服务及销售能力，在接待网络订房客人的过程中，参与客人的旅行故事，并提供增销服务，传递酒店产品的价值，丰富完善客人的旅行故事，提高客人的住宿体验及满意度，提升高级别房型的客房收入是水到渠成的结果。

### 在酒店各运营部门贯穿"增销服务"文化

酒店行业在多年前，已经开始潜移默化地进入全员销售状态。例如，常见的售卖粽子、月饼、新年晚会券、年菜等，就是酒店动员全体员工的年度销售盛事，也是酒店全部运营部门推荐酒店餐饮产品的集体销售。如果能正确的植入增销服务的理念及实践，将会事半功倍。

然而，酒店提供给客人的服务有着连续性，每日运营都涉及客房、餐饮、洗衣、健身、Spa 等部门，不应该只限于粽子、月饼、新年晚会券、年菜的年度增销服务，增销服务文化应该贯穿于酒店各运营部门，做到丰富并完善客人的旅行故事，是酒店每个运营部门的每位服务人员职责所在，而增销服务所激起的正向涟漪，应扩散于酒店每个运营部门及每位服务人员。

酒店各运营部门可以参考书中第七章"前台增销服务管理体系的搭建"，建立各运营部门的增销服务机制，参考第六章"传递增销服务的新体验"，进行增销服务的培训，开启各运营部门的增销服务项目，赋能一线服务人员在服务客人的过程中传递酒店产品的价值，丰富并完善客人的旅行故事。

## 三、极致服务品质的未来只能"从娃娃抓起"

21世纪的中国酒店业热闹非凡，在一线城市能找到所有国际酒店旗下的奢华品牌，而其他的国际酒店品牌都争先恐后地在中国市场落地，并陆续开业。中国的消费者永远都有新的酒店可以去体验尝鲜，酒店华丽新颖、绚丽灿烂的硬件让人陶醉其中。新酒店硬件设施的包装虽然可以短暂地掩盖了服务品质的不足，但酒店毕竟要经历不同的生命周期，在华丽灿烂的硬件逐渐褪色后，优质的服务才是历久弥新的关键，而服务品质的提升是中国酒店业高速发展后必须面对的课题。

我在书中提过，在增销服务培训的经验中，感受最深的就是酒店的一线服务人员不知如何与陌生的客人自然地交流，特别是新进员工和实习生，除了酒店SOP的标准句子外，面对客人经常不知要如何找寻其他的谈资，又或是简单的一句表达关心的话都说不出口，如此不善交流，一线服务人员又如何传递酒店产品或服务的价值？客人又如何感受到一线服务人员的服务品质？更深远的影响是，不少的酒店新人和实习生，因为不善沟通导致无法体会和客人交流服务的快乐，选择放弃或离开酒店行业，间接地造成酒店人才枯竭的负面循环，对于酒店业的长期发展是不利的。

沟通交流的能力是需要长时间的实践练习及培育，绝非遵守酒店运营单位的 SOP 就能达到的，因此酒店旅游学院开启沟通交流的学习课程及培育刻不容缓，从学校开始培育未来酒店服务人员沟通交流的能力，帮助新进员工和实习生能够更快地融入酒店的工作环境，自信专业地与形形色色的客人交流，对于酒店服务品质的提升必将产生深远的影响。

当然，服务品质的提升并不限于沟通交流能力的培育，还有同理心服务态度的建立，社交礼节的认知及生活美学的熏陶，都是提升服务品质的重要内涵，也是优质增销服务的底蕴，更是酒店旅游学院应该重视的培育课程。

## 四、中国特色的品质服务之路

在品质服务这条道路上，西方酒店管理集团对中国市场的贡献功不可没，国际酒店集团的管理运营，以及西方酒店服务理念的 SOP 在中国酒店业里已经根深蒂固了。

由于东西文化的差异，西方酒店服务理念的 SOP，有时只能规范服务人员表面的言行举止，无法深刻地植入服务人员的内心，没有通过内心传递的服务，也会让中国客人无法体会或接受西方的服务理念。

举个常见的例子，奢华或高端酒店的大堂都有宾客关系服务人员值班，随时服务过往的客人。当宾客关系服务人员一番好意地询问走进酒店大堂的客人："先生您是住房还是用餐？"（宾客关系服务人员才可以指引方向）有的客人就会冒出一句："关你什么事？"有的甚至看都不看宾客服务关系人员一眼，扭头就走了。这样的回应让服务人员哭笑不得，但对于很多中国客人来说，我去哪儿需要你管吗？

这种方式，在西方文化中是服务，而在中国人眼里，很可能被认为是多管闲事，所以西方服务理念的 SOP 有部分在中国是窒碍难行的。

此外，西方的服务规范和理念，也源于独有的历史背景、人文生活、品味审美等方面，如果无法体会"为什么"，怎么才能让服务人员体会并学习呢？

其实对于很大一部分人来说，就是比登天还难。

我深深觉得中国酒店业在西方酒店服务理念的基础上，必须走出自己的一条路，特别是在以"熟人"社会为主轴的中国人际关系交流的网络中，如何培训一线服务人员，以中国人能接受的更好的方式，与陌生的客人交流并提供服务，是中国酒店业必须深思的课题。每一天，有很多新人加入酒店运营这个行业；每一天，忙碌在一线的酒店服务人员也在接待成千上万的客人，服务人员与陌生的客人之间的交流是密集的大量的，如果能够由服务人员开始优化改善与陌生客人的交流及关系，融入中国熟人社会文化"以交情而非交易为主"的服务交流方式，注入中国特色的服务文化，服务品质必定会有所提升。

## 五、增销服务需要长期主义

### 坚持！坚持！再坚持！

成就任何一件事都必须经过学习、实践、挫折、成长，增销服务也是如此。刚开始增销服务时，与客人生硬的交流及客人不接受增销服务建议，是预料中的，大家要有接受被拒绝的心理准备。只要本着真诚服务客人的心态，明白增销服务的真谛，立志于丰富完善客人的旅行故事及住宿体验，专注于增销服务与客人交流的过程，经由每天的实践练习、调整进步，方能建立自己的增销服务风格，从中悟出增销服务的奥妙及乐趣。

试想，每天有多少客人办理入住？其中又有多少客人需要增销服务的建议？其实每天有太多的机会可以练习增销服务了。此外，酒店的房型几乎很少有改变，房型的特色掌握后就可以熟练自信地介绍给客人，并不难。难就难在大多数人担心或不愿面对客人对于增销服务的拒绝，而不愿开口或是开口后随便说说、敷衍了事，那就失去了与客人交流，并丰富完善客人的旅行故事的机会，更可惜的是，与锻炼内心强大韧性的机会擦身而过。

我在培训时经常和学员们说：你可能觉得自己的口才不好，增销服务一定做不好，所以想放弃。其实，你不需要成为增销服务高手，重点是不要放弃任何学习的机会，只要每天实践练习，一定会熟能生巧。我见证了很多一线服务人员坚持实践增销服务，汲取经验，越挫越勇，经过一段时间的持续努力后，增销服务很自然地融入于办理入住的过程，并与客人相谈甚欢，成为增销服务高手！所以坚持努力实践是学习完善增销服务最靠谱的方法。

### 重视！重视！再重视！

我也见证了很多前台增销服务文化深入的酒店，增销服务在前台的氛围就是你做、我做、他也做，有趣的是当前台增销服务的积极氛围凝聚为气场后，客人对于增销服务建议的接受度明显提升，增销服务的业绩蒸蒸日上。而这些凝聚积极增销服务氛围的酒店，有一个共同特征就是酒店管理层对于增销服务的高度重视，形成向下扎根，向上增长的增销服务文化。

增销服务看似是芝麻绿豆大的小事，却创造了百万乃至千万元的业绩，而大家所最看重的增销服务商业上的价值，其实并不是最重要的。增销服务文化深植的酒店，因为增销服务所带动的一线服务人员潜质的发挥，与客人超强的互动，酒店产品价值得以传递，酒店品牌意义也被深远传播，这些无形的品质，促成了客人完美的住宿体验及满意度的提升，也潜移默化地替酒店业主提升了资产价值。

# 附录一　增销服务评估自测

增销服务评估自测表一（适用于全服务酒店）

| 房型列举 | 房间数量 | 面积 | 包含行政待遇(是/否) |
|---|---|---|---|
| 高级客房 | | | |
| 豪华客房 | | | |
| 景观房 | | | |
| 特色房 | | | |
| 亲子房 | | | |
| 行政客房 | | | |
| 小套房 | | | |
| 大套房 | | | |
| 总统套房 | | | |

| 酒店设施列举 | 数量 | 面积 | 特色 | 自主经营或外包 |
|---|---|---|---|---|
| 中餐厅 | | | | |
| 西餐厅 | | | | |
| 自助餐厅 | | | | |
| 咖啡厅 | | | | |
| 特色餐厅 | | | | |
| 会议室 | | | | |
| 亲子游乐设施 | | | | |
| Spa | | | | |

酒店增销服务

## 增销服务评估自测表二（适用于全服务酒店）

| 房型免费升级 | 会员免费升级（每日） | 平房免费升级（每日） |
| --- | --- | --- |
| 高级客房 | | |
| 豪华客房 | | |
| 景观房 | | |
| 特色房 | | |
| 亲子房 | | |
| 行政客房 | | |
| 小套房 | | |
| 大套房 | | |
| 最高级别套房 | | |

| 酒店客房指标数据 | 数量 | 面积 |
| --- | --- | --- |
| 年平均房价（不包含税及服务费） | | |
| 年出租率 | | |
| 每日平均到店房间数 | | |
| 客人平均入住天数 | | |

## 增销服务评估自测表三(适用于全服务酒店)

| 房型价格差<br>基础房型与高级别房型差价 | 差价 |
|---|---|
| 高级客房 | |
| 豪华客房 | |
| 景观房 | |
| 特色房 | |
| 亲子房 | |
| 行政客房 | |
| 小套房 | |
| 大套房 | |
| 最高级别套房 | |
| 客源结构 | 间夜百分比 |
| 团队 | |
| 协议价预订 | |
| 官网预订 | |
| OTA及网络预订 | |

## 附录二 深度解读房型特色

深度解读房型特色归纳表（大众需求的房间特色）

- 有卖点的知名景观（看山、看海、看江、看河、看地标）

  地标名称

  看景角度

  白天的景观

  夜晚的景观

  地标的历史典故

  房间拍照最美的角度

- 一般的景观（看城市、看建筑、看公园、看夜景、看喷水池）

  城市景观与季节结合

  景观与大自然结合

  建筑景观与文化结合

  公园景观与房间设计结合

  夜景与房间设计结合

  喷水池景观与风水结合

- 房间空间大的价值

  房间是多少平方米

  房间的格局（房间"大"在哪里）

  客厅开会或办公区域可容纳人数

  会议桌或餐桌可容纳人数

- 床型

  床的尺寸

  床的位置朝向

- 浴室

  干湿分离

  浴室空间的大小

  浴室的格局

  独特的淋浴花洒

  双盥洗盆

  浴室有窗带进自然光和景观

  双盥洗盆

  浴室有窗带进自然光和景观

- 主要特色

  房间朝向（东南西北）

  房间位置

  房间设计（大师设计或独特设计）

  房间设施（阳台、飘窗、吧台等）

  房间设备（品牌联名、健身设备、按摩椅、视听设备、水晶灯饰、新氧系统、智能设备等）

## 附录三　深度解读行政楼层特色

### 深度解读房型特色归纳表（行政楼层）

- **行政酒廊**

  所在楼层位置

  室内设计风格及色调、氛围

  白天和晚上的不同景观

  开放时间

- **行政待遇**

  **早餐：不只是一份早餐**
  1）行政酒廊早餐和主餐厅的早餐种类上的差别
  2）行政酒廊专属的用餐环境

  **欢乐时光：性价比之王**
  1）提供的酒品
  2）晚间简餐菜品及主食
  3）行政酒廊欢乐时光的氛围

  **全天咖啡茶点心：高效舒适的补给站**
  1）现磨的咖啡
  2）茶叶的种类
  3）矿泉水的品牌
  4）点心零食的种类

- **熨衣服务**

  客人意想不到的好，省时又省钱

- **会议室：以一抵百的大用处**

  免费使用会议室几小时，如需付费时每小时的费用价格

  会议室可以容纳几位客人

  咖啡茶收费价格都需与客人沟通清楚

# 附录四　链接功能需求与酒店房型特色

## 链接功能需求与酒店房型特色表（样本）

| 房型特色 | 大众需求 | |
| --- | --- | --- |
| | 人物特征 | 功能性需求 |
| 景观 | | |
| 房间面积 | | |
| 床型 | | |
| 浴室 | | |

| 房型特色 | 小众需求 | |
| --- | --- | --- |
| | 人物特征 | 功能性需求 |
| 朝向 | | |
| 位置 | | |
| 设计 | | |
| 设施 | | |
| 设备 | | |

| 房型特色 | 行政待遇 | |
| --- | --- | --- |
| | 人物特征 | 功能性需求 |
| 早餐 | | |
| 欢乐时光 | | |
| 饮品和点心 | | |
| 会议室 | | |